艺术 体育
高校学术研究论著丛刊

高校田径课程设计与教学实务研究

邹群海 著

中国书籍出版社
China Book Press

图书在版编目 (CIP) 数据

高校田径课程设计与教学实务研究 / 邹群海著 . -- 北京：中国书籍出版社, 2021.7

ISBN 978-7-5068-8607-9

Ⅰ.①高⋯　Ⅱ.①邹　Ⅲ.①田径运动 – 课程设计 – 高等学校②田径运动 – 教学研究 – 高等学校　Ⅳ.① G820.2

中国版本图书馆 CIP 数据核字（2021）第 155486 号

高校田径课程设计与教学实务研究

邹群海　著

丛书策划	谭　鹏　武　斌
责任编辑	牛　超
责任印制	孙马飞　马　芝
封面设计	马静静
出版发行	中国书籍出版社
地　　址	北京市丰台区三路居路 97 号（邮编：100073）
电　　话	（010）52257143（总编室）　（010）52257140（发行部）
电子邮箱	eo@chinabp.com.cn
经　　销	全国新华书店
印　　厂	三河市德贤弘印务有限公司
开　　本	710 毫米 ×1000 毫米　1/16
字　　数	206 千字
印　　张	13
版　　次	2022 年 7 月第 1 版
印　　次	2022 年 7 月第 1 次印刷
书　　号	ISBN 978-7-5068-8607-9
定　　价	70.00 元

版权所有　翻印必究

目 录

第一章 高校田径课程设置及教学发展概况 ……………………1
第一节 高校田径课程设置的现状 ……………………………1
第二节 高校田径教学的现状及存在问题 ……………………8
第三节 高校田径教学改革与发展 ……………………………18

第二章 高校田径课程设计的学科理论基础 ……………………25
第一节 高校田径课程设计的教育学基础 ……………………25
第二节 高校田径课程设计的哲学基础 ………………………38
第三节 高校田径课程设计的课程论基础 ……………………41
第四节 高校田径课程设计的系统论基础 ……………………44

第三章 高校田径课程体系的科学设计研究 ……………………48
第一节 高校田径教学目标的设计 ……………………………48
第二节 高校田径教学内容的设计 ……………………………52
第三节 高校田径教学手段与方法的设计 ……………………59
第四节 高校田径教学模式的设计 ……………………………63
第五节 高校田径教学评价手段的设计 ………………………71

第四章 高校田径教学的科学原理与指导 ………………………74
第一节 高校田径教学的科学理念 ……………………………75
第二节 高校田径教学的基本原则 ……………………………80
第三节 高校田径教学课的组织与实施 ………………………89

第五章 高校田径之体能素质习练指导 … 99
第一节 影响学生体能素质的因素分析 … 99
第二节 田径速度素质习练 … 104
第三节 田径力量素质习练 … 112
第四节 田径耐力素质习练 … 115
第五节 田径柔韧素质习练 … 119
第六节 田径灵敏素质习练 … 122

第六章 高校田径之走跑类项目教学指导 … 125
第一节 走跑类项目概述 … 125
第二节 竞走项目教学指导 … 129
第三节 短跑项目教学指导 … 136
第四节 中长跑项目教学指导 … 143

第七章 高校田径之跳跃类项目教学指导 … 149
第一节 跳跃类项目概述 … 150
第二节 跳远项目教学指导 … 152
第三节 三级跳远项目教学指导 … 157
第四节 跳高项目教学指导 … 162
第五节 撑竿跳高项目教学指导 … 168

第八章 高校田径之投掷类项目教学指导 … 174
第一节 投掷类项目概述 … 174
第二节 推铅球项目教学指导 … 176
第三节 掷铁饼项目教学指导 … 183
第四节 投标枪项目教学指导 … 189
第五节 掷链球项目教学指导 … 196

参考文献 … 201

第一章　高校田径课程设置及教学发展概况

田径作为一项基础性的运动项目,是高校体育教学的重要教学内容。田径运动包含的项目是最多的,其在高校体育教学内容中所占的比重也是最大的。为了更好地了解高校田径课程及其教学,这里对高校田径课程设置的现状、高校田径教学的现状及存在问题,以及高校田径教学改革与发展进行了分析和探索,使读者能对高校田径课程及教学的发展状况有一个基本的掌握,这也为后续高校田径课程设计及教学实务的开展奠定了坚实的基础。

第一节　高校田径课程设置的现状

近年来,我国高校体育教育发展速度显著,所取得的体育教育教学成效也较为理想。但是,高校体育教育所面临的挑战以及存在的问题也仍然存在,制约着体育教育教学的进一步发展和完善。[①] 田径作为体育教育教学的重要组成部分,其课程设置情况也是如此。下面就对当前高校田径课程设置的状况加以分析和阐述。

总的来说,我国高校田径课程设置方面是较为落后的。田径课程设置始终保持着之前的状态,这与不断发展的高校体育教育教学的适应程度逐渐降低,从而也导致了一些问题的产生。

一、对田径课程认知状况分析

（一）学生对田径课程的认知状况

调查发现,喜欢田径课程的学生只有四分之一左右,还有很少一部分学生只喜欢田径运动但不喜欢田径课,也有很少一部分学生对田径的价值是持肯定态度的,但是大部分的学生对田径课程没有兴趣。由此可见,尽管学生对田径课程的看法不同,但是,田径运动健身价值很大,是一切体育项目的基础,也是身体素质得以提高的重要手段,这一点是不可被否定的。田径课程之所以不被学生所普遍感兴趣和喜欢,主要原因在于传统的田径教学过于偏重竞技性和技术性方面,使学生产生了田径教学形式单一、没有创新的感觉。再加上田径教学过程中的运动负荷过大,会给学生的生理和心理造成一定的负担,技术性要求高；田径项目只是一味地重复、机械地模仿,难以发挥自己的主动性和创造性,这些对于学生参与田径课程教学的积极性和趣味性都是不利的。

（二）体育教师及领导（行政管理人员）对田径课程的认识

调查发现,大部分的体育教师或领导（行政管理人员）,都觉得田径课程是非常重要或比较重要的,仅有很少的一部分人认为是不太重要或很不重要。这也反映出了,田径课程在我国高校中应该是一门重要的体育课程,不能减少或取消。

另外调查还发现,大部分体育教师、领导（行政管理人员）在高校体

[①] 范文广,刘旭东.新时期高校田径课程设置与改进思考[J].文体用品与科技,2013（8）：70.

育课程中开设田径课的必要性方面持肯定态度,只有很少的一部分认为田径课程的开设是没有必要的。这也反映出了在我国高校体育课程中,田径课程是应该开设的,人们对田径项目的重视程度也比较高。

二、高校体育未开设田径课程的现状分析

我国没有开设田径课程的高校只有极少部分,但这也是实际存在的状况,下面就对没有开设田径课程的原因及其所产生的影响加以分析。

（一）未开设田径课程的原因

关于高校未开设田径课程的原因,主要通过对高校体育教师及行政管理人员的调查访问所得知的,由于他们是工作在高校体育第一线的骨干,也是实施田径课程的实践者和验证实践效果的见证者,是体育教学的引导者、促进者、管理者,因此,他们在这方面的认识和观点是比较客观的。

关于我国有些高校不开设田径课程原因,大部分体育教师的观点为:田径课程因选课人数少、枯燥无味;教学模式单一、无创新;健身价值方面具有可被代替性;技术难度大、不易学习;身体素质要求高、容易发生伤害事故等。

领导（行政管理人员）对未开设田径课原因所持的观点主要有:田径课程太枯燥无味;学生选课的人数太少;教学模式单一、无创新;学生怕苦怕累;健身价值具有可替代性;考核评价方法不合理、场地器材不足等。

（二）未开设田径课程产生的影响

体育课在高校中通常是作为必修课开设的,如果高校体育课忽视了田径课教学,那么就与高校体育教育发展的客观规律相违背了,同时,也与素质教育的要求背道而驰,所产生的负面影响是非常大的,进而也会造成学生身体素质的下降,对学生的正常学习和生活造成影响。

同时,由于学生的身体素质呈现出总体下降的趋势,这就为田径体育课程教学的开展增加了难度,对学生运动技能的掌握与提高产生不利影响。

另外,学校教育资源存在着较为严重的浪费情况。一方面,田径场地、器材使用率低。[①]另一方面,师资资源的利用程度也比较低,资源浪费情况严重。田径专业教师在每所高校体育教师中人数较多,而目前由于田径专项课和田径教学的弱化,不少田径专业的教师已经转向其他体育运动项目了。

三、我国高校开设田径课程的现状分析

通过对高校是否开展田径教学课程的调查发现,高校田径课程的开设情况不容乐观。关于我国高校开设田径课程的现状分析,可以从以下几个方面着手来加以探索。

（一）田径课程开课形式状况

调查发现,大部分的高校已经开设了田径课程,开课形式方面,大部分为一年级必修课,二年级选项课,三、四年级选修课;四分之一左右的高校开课形式为一、二年级必修课,三、四年级选修课;少部分高校的开课形式是一、二年级开设选项课,三、四年级开设选修课;还有很少一部分高校是对大一男生开设必修课,女生则不开设田径课。由此可以看出,在开设田径课程的高校里,田径课程所受到的重视程度还是比较高的。

另外,通过对调查结果的分析得知,如果将田径课程作为必修课,那么学生就没有任何选择权,而如果将田径课程作为选修课,则会面临一些问题,比如,开设的田径选修课程因报名人数不够最后取消课程,选修课开设哪些田径运动项目,学校教学场地器材完善等,这些不确定的因素都会对田径课程的开设与否产生影响。

（二）田径课程的内容设置现状与分析

田径课程可以分为理论课和技术课两种形式,这也反映出了其两个部分内容。总体上来说,田径课程内容主要为传统的教学内容。这里主要针对理论课和技术课的情况来加以分析。

[①] 赵红. 我国普通高校公共体育田径课程设置现状调查与研究[D]. 北京体育大学, 2007.

第一章　高校田径课程设置及教学发展概况

1.田径理论课设置状况

《全国普通高等学校体育教学指导纲要》(以下简称《纲要》)中明确指出:"重视理论与实践相结合,在运动实践教学中注意渗透相关理论知识,并运用多种形式和现代教学手段,安排每学期约4学时理论教学内容,扩大知识面,提高学生的认知能力。"调查发现,在开设田径课的高校里,开设有田径理论课的高校占大多数,只有很少部分的高校没有开设田径理论课。我国在田径理论课方面能够保持4学时以上的只有少数高校,大部分高校达不到这一标准。由此可见,我国重视田径理论课教学、符合《纲要》精神的高校数量还是比较少的,大部分高校忽视了田径理论课的教学,并没有开足理论课学时数,这不仅不利于学生技术课的学习,而且还会对学生体育文化素养的提高产生制约作用。

(1)田径理论课内容状况

通过对开设有田径理论课的高校的调查发现,目前,高校田径理论课的教学中所涉及的内容主要有田径运动简介、田径运动特点及锻炼价值、现代田径运动发展趋势、田径新规则讲座等。其中,处于主导地位的主要是田径运动简介、田径运动特点及锻炼价值等内容,同时,这也是大部分高校田径理论课程所涉及的内容,但只有这些是远远不能满足大多数学生对田径运动理论学习的基本需要的。

(2)田径理论课授课形式状况

调查发现,各高校采用的主要都是集中授课的形式,只有极个别的高校辅以看录像、专家讲座等形式。随着高校体育教学改革的不断深入,一些新的田径理论教学手段和方法不断被引进来,其中,运用多媒体进行田径理论教学是田径理论课程教学方法改革的手段之一。这种新型的授课方式的主要特点表现为:能够以教材内容为依据,制作大量的动画、图片等课件,还可以拿国家或国际优秀运动员的录像让学生观摩,这就赋予了田径课程教学更加显著的直观性、形象性、生动性等显著特点,视觉和听觉效果都有所增强,同时,这对于田径理论教学质量的提高也是非常有帮助的。

(3)田径理论课考核形式状况

田径理论课教学结果如何,通常是需要借助相应的考核得知的,同时,这也是检验教师教学质量及学生学习效果的重要手段。调查发现,田径理论课程考核采用的考试形式主要有闭卷与开卷两种,这种考核形式的主要作用是,能有效敦促学生进一步阅读和理解教材,促进对田径基本理论知识的掌握和巩固。

2. 田径技术课设置状况

关于高校田径技术课的设置状况,可以从教学内容、教学组织形式、教学方法和手段等方面着手来加以分析。

(1)田径技术课教学内容状况

目前我国高校田径技术课的内容主要有短跑(接力跑)、中长跑、跳远、铅球等,也有很少一部分高校开设了跳高、跨栏、标枪等内容,从选择的项目看,所开设的这些项目的教学内容基本上能保证学生跑、跳、投能力的全面发展。

从总体上来说,我国高校田径课程所设置的内容方面具有"偏旧"的显著特点,同时也具有"简单化"的特点,因此,这就导致了就项目学项目的单一局面,造成选择内容的单一、枯燥、学生积极性不高的状况。

(2)田径技术课教学组织形式状况

田径课程教学组织形式,实际上就是以实现田径课程教学目标为目的,以教材内容特点、学生具体情况、教学环境为依据所采用的适宜的教学方式。对田径课程教学效果产生决定性影响的因素有很多,教学组织形式的安排是其中之一。某种意义上,教学组织形式与教学方法都处于同等重要的地位。恰当的教学组织形式与灵活多样的教学方法,对提高教学效果、培养学生兴趣以及实现教学目标都有着非常重要的作用和意义。

《纲要》规定:"根据体育课程的实际情况,为确保教学质量,课堂教学班人数一般为30人左右为宜。"但是调查发现,田径技术课上课的教学班人数在25～30人的有近半数,这是与《纲要》相符的,如此一来,就能为学生技术课的开展提供充足的场地器材,训练机会也比较多等;对于教师来说,能够对全体学生都有所照顾,所提供的指导也能涉及全班学生。但是,那些田径课人数超过30人的学校班级,就无法为学生提供良好的教学环境和更多的练习机会,更不用说要保证上课的质量了。

(3)田径技术课教学方法及手段状况

对于田径课程教学来说,教学方法和手段是必不可少的重要方面,缺少了这两个方面,教学内容就无法得到传授,教学质量更是无从谈起

第一章　高校田径课程设置及教学发展概况

了。调查发现,绝大部分的体育教师是比较满意目前田径课程教学手段的,由此可见,当前田径课程教学手段还是比较合理的,这与教师的工作态度及教学水平等是分不开的。

田径课程教学任务的实现,是需要通过科学合理的教学方法才能完成的。可以说,教学方法是教师的教和学生的学相统一所采取的途径和程序。在田径课程教学过程中,积极的富有活力的教学方法能够对教学过程的优化起着积极的促进作用。教师的教学方法与学生的学习方法有机结合起来,才能更好地保证教学效果。

(三)田径课程项目设置及教学时数状况

对于高校体育来说,田径课程处于基础性内容的地位上。要想保证教学内容的全面审视,必须有充足的学时。但是,调查发现,开设田径课的高校一般所开设的项目通常都涉及短跑(接力跑)、中长跑、跳远、铅球等项目。另外,由于田径运动项目在技术要求方面具有一定的局限性,因此,这就导致一些高校会根据本校的特色开设其中项目,还有学校会针对体育测试来进行田径项目的选择。

在高校田径课程学时方面的调查发现,田径技术课的教学时数一般为12～20学时,每个项目的平均学时不超过5个学时。但是,大部分高校每周通常只有一节田径课,会占用2学时;每周两节甚至两节以上田径课的则只有很少的高校。由此可知,我国大部分高校田径技术课学时数都是比较少的,甚至有些只是摆设,根本无法满足田径课程教学实施的需要,田径课程的教学内容无法得到全面实施,系统的田径教学是不可能得到保证的。

通过对田径理论课学时数的情况调查发现,在开设有田径理论课的高校里,绝大部分的高校每学期会设置2学时理论课,只有极少部分的高校每学期开设田径理论课的学时只有1学时。由此看出,田径理论课普遍存在着学时数太少的问题。

另外,由于田径课程有理论课和技术课两种类型,这两种类型课程学时的安排也引起了关注。为此,有研究者发起了"田径理论与技术课学时数是否合理"的调查,结果发现,大部分教师对目前田径技术课与理论课学时数的安排是持肯定态度的,认为这是较为合理的,但也有少部分教师认为它们的比例一般,只有极少数的教师觉得是不合理的。通过对这方面的不断调查和分析发现,田径技术课与理论课学时数保持在7:3的比重是较为合理的。究其原因,主要是由于理论指导实践,理论课教学是提高大学生体育文化素质的主渠道,要加强田径理论的教学,首先就要保证足够的理论课时,另外还要增加田径健身知识的内容。

通过专家访谈及问卷的反馈,学校领导的重视程度、学生对田径内容的学习积极性不高、学生对田径理解的程度、田径课程枯燥无味、场地器材短缺等是导致田径课程课时安排少的主要原因。

综上所述,我国高校田径课程设置存在着改革意识不强,包括课程设置在内的课程建设比较保守的问题,这种方式会导致人才培养目标与实际社会需要不符的情况发生。另外,高校田径课程设置有着较大的局限性,由于没有全面考虑影响因素,课程设置比较严谨也比较保守,灵活性方面却较为欠缺。

第二节 高校田径教学的现状及存在问题

一、高校田径教学的现状分析

(一)高校田径教学的总体现状

当前,尽管体育运动已经成为人们普遍关注的方面,但是,学生在实际进行体育运动锻炼时,尤其是高校学生,对此是缺乏学习兴趣的,同时,在如何采用正确的锻炼方法参与体育活动方面也存在着较多的疑问。在全民健身背景下,越来越多的人参与到体育运动中去。对于高校学生来说,只有真正接触到具体的体育活动,或者经过专业的训练,才能够将自己在这方面的爱好充分培养起来。

在过去很长的一段时间里,田径课是大学公共体育教学中的主要课程。但近年来,为了满足高校学生自主参与各种体育运动的需求,各高校的公共体育课大都实行了选项课制度。由于学生在身体素质方面

第一章 高校田径课程设置及教学发展概况

总体水平并不高,这就会导致他们在田径训练中缺乏自信,参与运动过程的方法和手段会缺乏科学性,从而使学生对田径的兴趣大大降低,更不愿意积极主动地参与到田径教学活动中了。再加上高校教师所沿用的仍旧是传统且单一的授课方法,所以学生的学习兴趣不高,没有机会去发挥自己的特长。

当前,田径教学存在的问题,再加上学生自主选课权力的加大,高校田径教学已经受到其他新兴、时尚、轻松运动项目的巨大冲击,在某些高校的公共体育选项课中田径课甚至已经被取消。由此可见,目前田径运动在高校的现状是不合理的也是不正常的。

(二)高校田径教学的具体状况

1. 田径选项课状况

田径选项课是当前高校田径教学最重要也是最主要的教学形式,田径单元课实施已经成为身体素质的练习形式。2002年颁布的《全国普通高等学校体育课程指导纲要》掀起了高校体育的改革热潮,选项制教学形式开始实施,但是,由于在教学内容方面并没有明确的规定,只涉及教学内容的设置原则和指导思想,因此,这就导致了田径教学的基础性地位逐渐趋于弱化的发展态势。

当前,开设田径选项课的高校只占到了一部分,至于不开设田径选项课的原因,可以大致归纳为以下几点:第一,田径教学理念停留在田径竞技技术和能力教学上,与学生发展需求不相符;第二,学生不会选择田径选项课;第三,学生对田径运动是不了解的;第四,田径教学枯燥乏味且艰苦,学生在这方面是没有兴趣的;第五,其他项目选项课更受学生欢迎;第六,学生身体素质不适合田径竞技技术教学;第七,田径成绩考核方式和内容以竞技技术能力为主不合理;第八,田径课理论知识以田径相关发展史和运动技术训练等理论为主,不符合学生需求;第九,田径教学没有被重视,缺乏改革的动力。

由此看出,田径教学本身就存在着枯燥乏味、艰苦等特性,除此之外,还有更为重要的原因,就是自身没有赶上教学改革的脚步,学生基本上不了解田径运动,而其他运动项目较强的趣味性和娱乐性更容易满足学生的兴趣和需求,这些共同导致了当前高校教学不理想的现状。

对于那些开设了田径教学课程的高校来说,第一学期通常只是进行田径的基础学习,所涉及的内容主要为长跑+武术,其中长跑就是用于体能训练。田径选项课开设于第二学期。

调查发现,田径选项课学生大部分都是被调剂到田径选项课的,并且班级数量很少,通常只有一个,尽管田径教学课的总课时较为理想,但是,理论课和技术课的比重不科学,理论课时非常少,这就导致学生缺乏对田径运动的了解,对田径运动的印象建立在中小学以田径形式练习身体素质的基础上,对田径课比较恐惧。另外,教学内容的合理性也较为欠缺,比如,跨栏跑为特制软式栏架,栏高降低;跳远为蹲踞式跳远;铅球为侧向滑步推铅球;其他项目只在理论课时简单介绍,理论课内容包含田径知识和健身知识。[①]

总体上来说,高校学生对田径教学的印象是比较好的,看到特制栏架能有兴趣尝试,完成跨栏跑后自信心提升,成就感明显,学生对田径运动的认识和了解有提升,教学效果较好。

2. 田径教学的场地设施状况

《普通高校体育场馆设施器材配备情况》有明确规定:普通高校必须配备 400 米标准田径场(内含有标准足球场),标准游泳池(25 米或 50 米),篮球场、排球场、网球场若干,健身器械若干,风雨场地、健身房场地必须建立。[②]

高校中所开设的体育课程,包括教学、训练、竞赛和课外体育活动在内的所有活动,都必须在一定的物质条件基础上才能实现,具体就是指体育场地、器材、器材等。对于高校田径教学来说,田径设施和设备是保证田径教学、课外体育活动、课余训练、正常行使必要的物质条件,是落实"健康第一"的指导思想的具体措施,是达到教学条件的高校基本建设的一个有机组成部分,其中最重要的工作是监督和检查高校工作的评价标准。调查发现,绝大部分开设田径教学的高校在田径场地设施方面都是较为完备的。并且大量的田径场地器材设施的利用率普遍较低,没有将其应有的效能和作用充分发挥出来,造成资源浪费。

---

① 刘彬. 江苏省普通高校公共体育田径教学所面临的困境及其对策研究 [D]. 苏州大学,2017.
② 同上.

二、高校田径教学存在的问题

关于高校田径教学过程中存在的问题,通过分析和探索,可以大致归纳为以下几个方面。

(一)田径教学中对田径运动文化内涵的理解较为欠缺

对于学生来说,田径运动作为体育运动的基础,其从小学开始就已经作为教学内容有所涉及,一直到高校。尽管一直都有专门的体育老师上课、教学,但是,并不是真正意义上的田径教学,通常只是让学生热身开跑,在学生了解和认识田径运动方面缺乏系统性和专业性,教师没有做好积极的引导,去让学生对田径竞技的发展起源、流传故事、运动技巧及作用、对身体的好处及如何欣赏看待田径运动等有明确的了解和认识,枯燥的训练也让学生失去了耐心,进而导致学生对田径教学的兴趣逐渐丧失,不愿意再参与到田径教学活动中去。

(二)教学理念陈旧,缺乏创新

对于高校来说,其要开展体育教学,就必须树立"健康第一、素质教育、终身体育、以人为本"的教育指导思想,这是其改革发展的思想前提,同时也是缓解当前各种突出矛盾的基本原则。

但是在实际的田径教学过程中,体育教师往往将关注的重点放在了对学生技术动作要领的指导上,忽略了从学生自身出发来选择教学内容,忽略了学生的本性。体育教师要从内在激发学生兴趣,让学生在田径锻炼中对这一运动产生热爱,明确田径运动对自己的重要作用。

高校田径教学的体育教师,尤其是老教师,往往存在着思想观念过于陈旧的问题,甚至某些教师认为田径课程可有可无,田径课程改革求新的趋势愈发淡化,求新求变、自我学习、自我提高、与时俱进的思想未在体育教师群体中形成,这也是导致学生对田径教学兴趣较低的一个重要原因。

由于受到应试教育的影响,多数高校在体育教学方面的重视程度仍然比较低,这就导致多数学校田径教学只是单纯的"活动课",不仅没有将田径精神体现出来,对于学生的实际田径教学也没有建立有效的教学机制,这就使以学生为本的理念难以得到有效的落实。

尤其在新时代,各种新思潮、新理念、新科技的大量涌现,高校学生作为接受新事物最快的一批人,其思想认识和自我选择越发活跃,对于固化的教条内容更具免疫力。在很多时候,高校田径教师在教学上表现出的积极性、主动性也越发薄弱,这就会导致对高校学生基础的技能和身体素质培养很难与国家要求的体育强国人才培养理念相适应,对于田径教学的可持续发展是不利的。

(三)学校没有全面地认识到田径教学的重要性

对于某些高校的领导来说,其认为田径就是简单的跑、跳、投的综合体,这就会导致教学内容是枯燥的,学生在这方面的兴趣也不会高,在快乐体育理念的引领下,球类运动、游泳、健美操等趣味性强、形式多样的运动项目往往能够有效代替田径运动。这种对田径运动的片面认识,往往会造成高校田径教学在高校体育教学中越来越不受重视,甚至被逐渐弱化、忽视。但是,实际上,田径运动对人体全面的运动机能的改善,是其他项目不可替代的,也是无法替代的。比如,田径运动中的跑就有很多种运动形式,如短跑、中长跑、长跑、变速跑等,跑步姿势也有严格的标准。而且跑步所产生的影响也是非常显著的,不仅能改善人体的整体运动机能、塑形、保持心情平稳、愉悦的作用也较为显著,尤其是对人体心肺功能、全身肌肉的训练效果是最佳的,对人体产生运动损伤的危害也是最小的。

但是调查却发现,由于田径运动项目涉及类别多,训练周期长、很难取得理想的运动成绩,这就导致一些高校教师从主观上弱化了田径运动教学的作用和意义,在田径教学上所花费的精力会逐渐减少,教学效果无法得到保证。

(四)高校对田径教学的重视程度不够

田径的"运动之母"之称,就能充分反映出田径运动在体育运动项目中的重要性。尽管高校田径教学一直以来所受到的重视程度都是比较低的,但是,很多学校仍然每年都会举行一至两次田径运动会,从而检验自身高校学生的基础运动水平并增强学生的合作、拼搏精神。

但是,近年来,一些综合性院校已经取消了田径课程,并且不再招聘田径专业的体育教师,这就将田径课程置于比较尴尬的境地,学生对于田径课程的认识更加淡化,也降低了田径课程及田径项目的普及程度。

（五）没有充分体现出学生的主体地位

当前，我国实施素质教育，这就将学生的主体地位体现了出来，也一定程度上反映出了新课程的理念。但是，通过对高校田径教学的调查发现，许多高校在田径教学的课堂中仍然采用的是传统的教学模式，依旧是教师主动教、学生被动学的教授形式，突出了教师的主体性，但却忽略了学生的主体地位。这样就使学生在学习过程中失去了自主性，对田径运动的学习兴趣也逐渐丧失。

（六）高校田径教学师资力量总体水平不理想

教师在教学过程中是处于主导性地位的，其所产生的作用和影响非常重要，涉及教育、启发、引导、管理和评价等各个方面。从事田径教学的体育教师，一直以来都是影响高校田径教学质量和教学水平的重要因素，这也反映出了高校田径教学师资力量水平对田径教学效果会在很大程度上起到决定性的影响。

为了保证田径教学效果，就要求从事田径教学的体育教师传授学生田径运动专业的相关知识、技能和方法，肩负起传播体育知识，提高学生身心素质，塑造学生树立健康的体育锻炼理念的重任。但是，在实际调查中发现，从事田径教学的体育教师自身存在着诸多问题。主要表现为：第一，田径教师队伍的结构设置不合理、不科学，现阶段大多体育院校的田径教师在性别上存在着显著的不平衡性特点，男性教师数量远远大于女性教师；第二，高校对田径教师严格的选拔标准较为模糊，通常体育学院毕业生都可以成为从事田径教学的体育教师，并且他们教学的重点主要集中在田径技能的培养上，而忽视了对学生体育创新精神和综合素养的提升；第三，高校对教师培训和考核制度方面较为欠缺，这就导致大部分从事田径教学的体育教师往往存在着侥幸心理，不思进取，限制了田径教学水平的进一步提升；等等。[①]调查还发现，在一些高校已经出现了从事田径教学的体育教师高龄化的发展趋势，这就使得田径教学人才培养出现断层，师资队伍严重不足的趋势将越来越明显。

除此之外，部分高校的体育教师一人担任多个班级的田径教学，完全超出了自己的能力范围。但是，从事田径教学的体育教师的招聘难

---

① 和琰. 高校田径教学的困境与对策研究[J]. 当代体育科技，2020，10（15）：39-40.

度较大,这与工资待遇、专业技能认可以及教师资格证的限制有着较大的关联性,从而导致从事田径教学的体育师资力量跟不上实际发展的需要。

(七)教学形式单一、死板,与现代教学要求不符

1. 田径教学模式死板老套、缺乏新意

就目前而言,高校田径教学方式始终保持着基本不变的状态,都是沿用传统的模式,采用传统的教师讲解、示范,学生练习的方式,这种教学模式将学生置于被动地位,对学生思维能力和创新意识的发展都是极其不利的。长期如此,就会导致选修田径的学生产生强烈的抵触情绪,从而致使田径教学的青春活力特征逐渐弱化,教学活动的开展难度越来越大。

2. 教学内容枯燥乏味,限制学生参与积极性

相对于其他选修课,选修田径课的人数相对较少,究其原因,主要是由于田径课堂枯燥无味,几乎每次课都是以跑步热身开始,主要进行一些中长跑、短跑、跳远等项目,而铅球、标杆、跨栏、跳高等项目通常是缺乏的,然后再进行一些小游戏之后,学生进行自由活动;又或者一直进行大量的身体训练,学生比较疲劳。这些以传统竞技项目为主的教学内容,忽视了对学生田径运动多重能力的培养和综合素养的提升,严重抑制了学生参与田径运动的积极性。

3. 教学方法缺乏创新,无法与素质教育相适应

(1)高校田径教学方法陈旧

高校田径教学方法的一些指导理念较为陈旧,仍以应试观念为主,忽视以学生为主的教学理念,致使学生对田径运动敬而远之,无法与素质教育的需求相适应。

(2)高校田径教学方法的创新性有待提升

受传统教育模式影响,当前高校田径教学以教师讲、学生听,教师演示、学生模仿为主要的教学方法,这种传统的教学方法既影响了学生对田径教学知识和技术动作的掌握,也极大地限制了学生的创新发展,对学生主动学习的动力也产生了限制作用。除此之外,这样的教学方

法只对学生田径技术动作的掌握情况加以关注,却忽视了田径项目的健身性、趣味性、娱乐性的挖掘和展现,这也对学生创造力和积极性的培养产生了较大的阻碍作用。

(3)采用的教学方法无法适应时代发展

对于大部分从事田径教学的体育教师来说,他们所采用的教学方法往往已经落后于时代的发展,不能满足学生对田径教学的需求。

(八)高校田径教学评价体系科学性、实效性欠缺

田径教学结构的过于单一,导致了所建立起的教学评价体系也是缺乏科学性和实效性的,有待于进一步完善。通常,田径教学评价体系是由出勤率、课堂表现、最后的成绩检测相结合而形成的。具体可以从评价主体和评价方式上加以分析。

评价主体上,高校田径教学的评价体系采用的主要是以教师评价为主的自上而下的评价体系,这就将学生的评价主体地位忽略掉了。

评价方式上,高校田径教学评价体系采用的主要是"一刀切",这就将学生在田径学习过程中的创新精神、运动兴趣、特长、身心发展、综合素养等都弱化或者忽视掉了。由此可以看出,当前所采用的评价方式是单一、传统的,这就导致了田径教学目标的单一性,由此,往往就会造成评价过程的封闭性,同时将挫伤学生的学习积极性。[①]

(九)高校田径教学环境不够完善

高校田径教学通常有室内和室外两种教学形式,通常前者为理论课,后者为技术实践课。室外的技术实践课通常就是在室外田径场或者一些空地上,这种室外环境就会受天气的影响,尤其是在较冷的东北地区,冬天天气严寒,这就限制了学生外出参与田径教学活动的意愿,因此,室外的技术实践课往往就会被取消。这就会导致田径教学学时不足,影响学生学习效果。

(十)场地器材设施教学利用率低

场地器材的短缺也是影响田径教学质量的一个重要原因,器材少、学生多,导致有很多同学不能一起参与其中,无法满足学生对田径教学

---

① 和琰.高校田径教学的困境与对策研究[J].当代体育科技,2020,10(15):39-40.

的需求。如此一来,就会使学生参与田径教学活动的积极性大大降低,最终导致教学效果不佳。

除此之外,田径场地器材完备与田径选项课开展不理想已经形成了一对显著矛盾,良好场地器材设备没能将其应有的作用充分发挥出来,良好的器材是田径教学开展好的前提。而如何把它们充分地利用起来,发挥其实际功效,是目前亟需解决的重要课题。

(十一)田径教学自身吸引力不足

高校中开设的体育教学课程是多种多样的,但是,选择田径课程的学生相对比较少,这与其身体直接对抗类或者隔网对抗类的球类运动项目之间形成了鲜明的对比,这也一定程度上反映出了田径课程的吸引力明显不足的问题。

调查发现,导致田径教学自身吸引力不足的原因有以下几点。

(1)相较于其他体育项目,高校田径教学的趣味性低,表现出单一性的特征,在协同与合作方面的表现较为欠缺,没有充分展现出统一步调、整齐划一的团体效果,不能很好地将学生学习或训练的积极性充分调动起来。

(2)高校田径教学内容往往对程序性较为注重,但是缺乏创新的教学方式和手段,在教学的实施方面,往往忽视了学生的实际情况,激励手段少,导致学生主动参与其中获得的成就感、愉悦感低。

(3)高校田径教学往往使用统一考核标准,缺乏个人运动水平自我评定标准,从而导致学生在实际学习和锻炼过程中对自身取得的进步认识模糊,这对于学生终身锻炼习惯的养成是不利的。

(4)高校教师往往受到职称评定追求的影响,而将科研的重点放在了这方面,相应的,就淡化了对田径课程教学的精力投入,对高校田径教学的开展只是简单应付,无法保证良好的教学效果。

(十二)忽视学生身体素质基础,强身健体成效有限

在高校田径教学的开展过程中,从事田径教学的体育教师往往将重点放在了如何教、教什么的上面,而忽视了学生是田径教学的主体,所有的教学行为都是围绕着学生来进行的。多数体育教师只注重田径效果,跳得多远,跑得多快,忽视学生自身身体素质;或者只强调技术细节要求,忽略强身健体教学目标,致使学生身体劳累或因田径效果产生

心理压力,从而讨厌学习田径这门体育课程,[①]这些对于良好的田径教学质量的形成都是不利的。

面对高校学生田径课程体育教学,教师要从强身健体教学目标入手,对学生自身身体素质进行充分的了解和掌握,然后从实际出发,选择与学生实际情况相符的教学方式、教学内容等,不可把学生当作跑步机器,这会严重打击学生参与田径教学活动的积极性。

（十三）田径教学逐渐被淡化

田径运动作为体育运动的基础性运动,其在增强体质、促使体内新陈代谢、全面改善人体各器官的机能方面有着显著作用。田径运动还能有效发展各种体育运动的质量,促进各种体育运动的发展,有"运动之母"之称。它在青少年学生的健康成长过程中所起到的作用是很难被替代的。随着体育教学改革的进一步深入,"终身体育"和"快乐体育"的概念被引入。田径体育由于项目单调乏味,逐渐被忽视,转而被其他一些新型、时尚的运动项目所取代。高校田径教学失去了昔日的主导地位,甚至有些学校提出了取消田径教学的建议。

由于长期处于应试教育环境下,学生在进入高校之前大部分都将精力放在了文化课的学习上,对那些对意志、品质和身体健康有帮助的体育运动很少涉及,这就导致中小学体育与高校体育之间的衔接存在问题,学生体质下降。

由于学校的体育教育教学的改革创新在实施的过程中出现了偏差,学生自身身体素质差,但是,学校却将关注的点放在了兴趣、娱乐、休闲、健康方面,这也导致田径教学不受学生青睐;再加上学校顺应"阳光体育"的口号,迁就学生的意志想法,田径运动教学进一步受到冷落。[②]由此也进一步导致了学生运动能力下降,身体各项机能退化现象严重的问题继续存在。

---

① 校力. 探讨当下高校体育田径教学现有问题[J]. 当代体育科技,2020,10(14):89+91.

② 刘彬. 江苏省普通高校公共体育田径教学所面临的困境及其对策研究[D]. 苏州大学,2017.

第三节　高校田径教学改革与发展

一、提高田径教育思想认识,建立新的教学理念

（一）提高田径教育思想认识

从高校各级领导自身的角度出发,首先要对田径教育的生理价值和意义有一个正确的态度和认识,切实提高自身在这方面的思想认识,做好田径课程设置和教学目标的科学规划,合理统筹田径教育教学资源,在田径教育规划、教育经费投入以及教学组织等方面为田径教育教学建设发展提供保障和服务。

（二）积极转变传统滞后的田径教学观念

作为田径教学中的主导,体育教师要积极转变传统的应试教育观念,在选择和涉及教学内容、教学形式时,成绩不再是唯一的参照标准,而是要以实现帮助学生提升各项综合素质为教学重点。

田径教师教学观念的转变,能够为学生提供更具实用性、更有利于学生掌握田径项目教学内容,运用更加合理的教学方法,为学生更好地掌握田径知识和技术动作提供帮助。

（三）建立新的田径教学理念

在高校田径教学过程中,田径教学的体育教师必须不断更新自身的教学理念,才能保证其所实施的教学行为得到有效升级。体育教师一定要始终将学生的主体地位放在中心位置,并且从思想意识上对素质教育理念进行有效的践行。

新时期下,高校体育教师要根据教学改革,在田径课程教学过程中,建立新的教学理念。具体可以从以下几个方面着手。

（1）在田径课程教学中,体育教师要分别对待体育专业学生和非体育专业学生,从教学内容上,前者的教学重点放在技术培养训练上,而后者的教学重点则主要是身体素质锻炼。

（2）从事田径教学的体育教师，要区别对待不同学龄段的学生，并且选择与之相适应的田径运动时长、运动强度、运动范围等。对于高校学生来讲，田径教学中要以原有田径标准为依据，来结合学生的实际情况，适量增加运动时长。

（3）田径教师要在原有的教学理念上加以创新，将"以人为本"的教学意识建立起来，对学生实际情况进行充分考虑，并且要在原有理念基础上，提升自身学习意识，增强体育教学专业，从而适应新时期下高校体育田径教学的全新改革。

二、优化"以学生为本"理念和教学模式的融合

只有将高校田径体育教育和以学生为本的理念进行有效融合，教师对整体教学机制和结构进行实际的推进才有可能得到保证。

在传统的教学机制中，教师所强调的重点通常只放在相应的教学知识以及教学效果上面，却忽视了学生的真正诉求，由此，就会导致学生对田径教学没有建立有效的认知。

将"以学生为本"理念应用于田径教学过程中时，对于体育教师来说，其首先要有效升级学生的田径专项运动能力，同时，也要做好学生心理以及价值观的有效疏导和教育工作，从而使学生的体育能力在得到优化的同时，也能将其体育精神充分展现出来，培养其更加坚韧的意志品质。

除此之外，在田径教学的过程中，体育教师要积极拓宽自身的教学思路，建立有效的趣味性教学，保证有效地激发学生的学习兴趣，借助于积极的鼓励措施，来使学生在田径教学过程中和教师建立更加有效的互动，真正实现以学生为本理念的落实。

三、尊重并有效落实学生的主体地位

传统的体育教学尊崇的是教师这一"主角"的主动教和学生这一"配角"的被动学，现代高校田径教学则需要打破这一传统，将学生的主体地位充分彰显出来，为学生创造更多上台"表演"的机会，让更多的学生真正参与到田径教学活动中去。

在田径教学过程中，要尽量积极、多次地征求学生的意见，尽可能

将他们感兴趣的运动方式找出来,并与适宜的教学方式相结合,从而使学生参与田径教学活动的积极性得到有效提升。

四、全面培养和提升体育教师的综合素养

在田径教学中,体育教师是处于重要的主导地位的,体育教师的综合素质和能力是完成田径教学的重要保障。高校田径教学的可持续发展与基层体育教师的工作是密不可分的,高校田径教学所面临的困境,必须借助于体育教师们群策群力,才能得到妥善解决,这也是培养和提升教师的综合素质和能力的重要原因。具体可以从以下几个方面着手。

(一)做好高校田径教师的选拔、培训工作

首先,高校要将严格的田径教师选拔标准明确下来,并且选取具有专业理论知识深厚、教学经验丰富、教学实践指导能力强、有工作经历、学历层次合格的教师作为指导高校田径教学的后备资源。[1]需要注意的是,田径教师的选拔会对田径教学的质量和效果产生直接影响,一定要高度重视。

在高校田径教师的培训方面,要进一步加大力度,通过各种途径来为田径教师提供有力平台,促使他们与时俱进,学习先进的理论知识;同时,能够在教学手段上不断创新、学习先进的信息技术,加强对教师进行思想道德教育,将教师无私奉献的精神充分彰显出来,提升高校田径教师的教学核心素养。

(二)进一步丰富田径教师资源

要想真正从根本上解决这一问题,要从学校现有的体制上给予重视。

对于各个高校来说,要想有效丰富田径教师资源,首先要对高水平体育教师的缺乏有足够的了解和认识,在此基础上,从学校内部,不断培养体育骨干,与此同时,也要不断引进人才。学校现有的体育教师也要从自身出发,不断充实自己,积极提升自己的专业知识。

除此之外,从高校的角度出发,要采取各种积极的鼓励政策,促

---

[1] 和琰. 高校田径教学的困境与对策研究 [J]. 当代体育科技, 2020, 10 (15): 39-40.

使田径教师积极创新教学方法,培养新的教学理念,与此同时,也要积极建立有效的教师培训机制,积极给予其培训机会,提供丰富的学习资源。

(三)要不断充实自己,做到与时俱进

高校体育的发展改革是与社会发展相适应的,这就要求体育教师的知识和技能也要不断更新、充实,做到与时俱进。对于处于基层的田径教师来说,在做好相关的体育教学培训工作的同时,也要不断增强自身的专业知识和相关的学科知识,要对相关学科的前沿研究动态有所了解,并且不断进行吸收、总结、归纳和研究,从而使自身的科研能力得到有效提升。同时,还要学会运用现代技术和方法,以科学实效的理论来指导体育教学工作。"教师学习,提高业务能力要走出去"。

五、创新、优化田径教学内容和教学方法

(一)田径教学内容的拓展

当前,高校田径教学内容主要涉及跑、跳、投等这些竞技性质的运动项目,这些项目普遍存在着技术难度较大、对学生身体条件要求较高、缺乏趣味性等特点,会导致许多学生逐渐丧失对田径运动的兴趣,望而生畏。这就需要适当调整并改进这些项目,使其在保留项目原有特色的同时,降低难度,增加趣味性,并且适当弱化竞技性,从而激发起学生参与田径教学活动的兴趣。

对于田径教师来说,其要积极发挥勇于变革的精神,致力于帮助广大学生找到适合其自身特点的兴趣爱好,将那些健身性、娱乐性、团体性特征较为显著的运动项目加入田径教学的内容中来,针对现有的教学内容要积极挖掘、分析、改造、创新,运用多种田径教学素材,从而使学生的各种不同需求都尽可能得到满足。

(二)田径教学方法的优化改革

在教学方式的运用和教学内容的设置上,一定要对其趣味性加以重视,因为"兴趣是最好的老师"。一定要引起学生的兴趣,才能再从课堂上逐渐提升学生对田径的认识和认知程度。同时,还要注重为学生

营造良好的田径学习氛围,将学生的身体健康和田径教学有效地结合起来,将学生的实际情况作为重点考虑的因素,尊重学生的真实想法,根据学生在田径教学中的实际表现,提出针对性的解决方案。

面对新时期下体育教学改革,高校田径运动教学要摒弃传统教学方式,创新改革新方法,以此来积极提升学生的学习兴趣,从而使田径教学质量得到有效保证。

关于高校田径教学方法的改革创新,主要体现在以下几个方面。

1. 分层教学

在高校田径教学中,不同学生在身体素质、田径运动基础、理解能力、学习能力等方面都存在着一定的差异性,这也就决定了他们的学习效率也是参差不齐的。鉴于此,为了全面提高学生的田径运动水平,统一教学已经不再适用,需要采用分层教学法。具体来说,就是以学生的个体差异为依据,有针对性地安排教学目标,也可以将其理解为因材施教,这是其本质所在。

2. 多媒体教学

在高校田径教学中运用多媒体技术,能够增加教学的趣味性,同时也使学生学习的积极性和主动性得到有效提升。另外,教师还可以通过多媒体向学生讲解一些教材中未涉及的知识,如田径职业运动员的训练视频、国内外知名的田径场与田径赛事等,这就进一步拓展了田径教学知识,对学生来说,趣味性也得到了提升。

3. 游戏教学

田径运动相较于其他球类、游泳、健美等项目,枯燥、单一、无趣的特点更加显著,从而限制了学生积极参与其中。而游戏教学方法的应用,则大大增加了田径教学活动的趣味性和娱乐性,真正做到让学生在"玩中学"。

4. 信息化教学

当前,已经处于信息化时代,信息技术的应用已经较为普遍,因此,将网络技术广泛应用于包含田径教学在内的体育教学已经司空见惯,并取得了显著的成效。网络技术不仅能在文化课方面起到显著的促进作用,其在田径教学的实践中也有着非常显著的作用。例如,教师可以通过田径教学云平台开展以"教学资源共享"为主的网络教学;可以通过微信群、QQ、钉钉直播等网络社交软件开展以"即时教学交流"为主的网络教学等。[①]除此之外,教师还可以通过大数据、云计算、人工智能、虚拟现实等信息化技术开展田径教学,以进一步提高田径现代化教学的整体水平。

六、建立完善、多元化的田径教学评价体系

当今时代具有多元化的发展特点,因此,在这样的背景下,高校田径教学评价体系也要将多元化的特征体现出来。

从评价主体方面来说,应积极采取教师评价、学生自评、学生互评等多种评价方式,在尊重学生在教学评价中的主体地位的基础上,使评价成为教师与学生平等交流、互动、沟通的桥梁。

从评价方式上来说,一定要高度重视评价方式的动态性、多样性,有效采取多种评价方法相结合的方式。

从评价内容上来说,要对学生的田径运动成绩,以及学生的身心健康、创新精神、体育情感、心理素质进行同等关注和重视,同时,还要以学生的个性发展特点为出发点来确定评价标准,充分肯定学生在教学评价中的主体地位。

七、优化、创建良好的田径教学环境

在高校田径教学过程中,体育教师首先要为学生提供一个相对完善的教学环境,因为只有良好的教学环境和氛围,才能让学生在学习和运动过程中体会到田径运动带来的身体和精神上的愉悦感。田径教学中,学生的身体及认知能力的发展会非常快,田径运动等于为他们创造了一个"高级的模拟环境",在这一过程中,能够有效提升学生的身体素质。[②]

[①] 谭黔.高校田径教学方法改革研究[J].青少年体育,2020(5):113–114.
[②] 王建基.刍议普通高校田径教学面临的困境及其发展策略[J].当代体育科技,2020,10(30):100–102.

因此,这就要求一定要努力改善当前的田径教学环境。教学环境的优化是在学校现有条件的基础上进行的,具体来说,就要求学校应将现有的场地资源充分利用起来,给予学生更好的锻炼环境。除此之外,学校需要定期维护体育设备,对于老化的器械及时进行维修和更换,以确保学生的学习安全。

八、努力提升学生自身的素质水平

要努力提升学生自身的素质水平,这里所指的素质,既包括身体素质,也包括心理素质。

对于学生的身体素质方面,教师可以利用因材施教这一教学方法和教学原则,对不同的学生运用不同的教法。通过对学生实际情况和需求的了解,针对性地制定出适合不同个体的教学和训练计划,合理安排训练负荷和训练密度,以循序渐进的方式带领学生们进行课堂学习,逐渐增强体质。

对于学生的心理素质方面,各高校可以通过心理健康课程来对高校学生的心理进行优化。优化学生心理素质所涉及的内容主要有智能、非智力因素、人际关系、环境适应、健康人格等各个方面,培养学生良好的心理素质、积极进取的精神品质。

第二章　高校田径课程设计的学科理论基础

高校田径课程的设计不是盲目的,而是需要一定的理论做指导,如此设计出的课程教学方案或计划才具有一定的可行性,为教学质量的提高奠定良好的基础。关于高校田径课程设计的学科理论,主要包括教育学、哲学、课程论和系统论等几个方面的内容,本章就对此作出重要的研究与分析。

第一节　高校田径课程设计的教育学基础

高校田径课程属于学校教育的重要内容,因此,学习与掌握教育学理论知识是尤为必要的。在教育学相关理论的指导下,才能做好田径课程设计方面的工作,从而保证高校田径教学的健康发展。

一、教育学基本理论

（一）人本主义理论

1. 人本主义理论的概念与内涵

人本主义理论是美国当代心理学主要流派之一，由美国心理学家 A. H. 马斯洛创立，现在的代表人物有 C. R. 罗杰斯。人本主义反对将人的心理低俗化、动物化的倾向，也被称为心理学中的第三思潮。

人本学派强调人的尊严、价值、创造力和自我实现，把人的本性的自我实现归结为潜能的发挥，而潜能是一种类似本能的性质。人本主义最大的贡献是看到了人的心理与人的本质的一致性，主张心理学必须从人的本性出发研究人的心理。

该学派的主要代表人物是马斯洛（1908—1970）和罗杰斯（1902—1987）。马斯洛的主要观点：对人类的基本需要进行了研究和分类，将之与动物的本能加以区别，提出人的需要是分层次发展的。他按照追求目标和满足对象的不同把人的各种需要从低到高安排在一个层次序列的系统中，最低级的需要是生理的需要，这是人所感到要优先满足的需要。罗杰斯的主要观点：在心理治疗实践和心理学理论研究中发展出人格的"自我理论"，并倡导了"患者中心疗法"的心理治疗方法。人类有一种天生的"自我实现"的动机，即一个人发展、扩充和成熟的趋力，它是一个人最大限度地实现自身各种潜能的趋向。

2. 人本主义理论的价值与影响

（1）人本主义理论的价值

人本主义教学思想关注的不仅是教学中认知的发展，更关注教学中学生情感、兴趣、动机的发展规律，"注重对学生内在心理世界的了解，以顺应学生的兴趣、需要、经验以及个性差异，达到开发学生的潜能、激发起其认知与情感的相互作用，重视创造能力、认知、动机、情感等心理方面对行为的制约作用"。

（2）人本主义的影响

人本主义强调爱、创造性、自我表现、自主性、责任心等心理品质和人格特征的培育，对现代教育产生了深刻的影响。马斯洛作为人本主

第二章　高校田径课程设计的学科理论基础

义心理学的创始人,充分肯定人的尊严和价值,积极倡导人的潜能的实现。另一位重要代表人物罗杰斯,同样强调人的自我表现、情感与主体性接纳。他认为教育的目标是要培养健全的人格,必须创造出一个积极的成长环境。

（二）教学过程最优化理论

教学过程最优化是教育学理论体系中一项非常重要的内容。教学过程最优化理论出现于20世纪70年代初期,它是由原苏联教育家巴班斯基提出来的,这一理论一经提出就引起了当时教育界的强烈反响,至今仍然对学校教育产生着重要的影响。

1."教学过程最优化"的概念与内涵

在体育教学系统中,教学过程是极为关键的程序与内容,体育教学质量与效果的取得在很大程度上依赖于教学过程最优化。体育教学过程的最优化是指"教师有目的地选择一种确保教学过程的最佳方案。它能保证教师和学生在花费最少的必要时间和精力的情况下取得对该具体条件来说是最大收益的结果,使每个学生得到最好的发展,使教学达到最好的效果。这个效果反映在学生身上就是确保每个学生都获得适时、最合理的教养、教育和发展"。

通常情况下,体育教学过程的"最优化"主要包括以下几个方面的内涵,要想实现教学最优化的目标,这几个方面都是非常重要的。

（1）遵循体育教学的基本规律与原则。

（2）充分考虑体育教学环境与条件。

（3）制定与选择合适的教学方案或计划。

（4）合理地组织与管理体育教学过程。

（5）在规定的时间内,争取获得最大可能发展的效果。[1]

以上就是体育教学过程最优化目标的五个方面,这五个方面是缺一不可的,要想保证体育教学的质量,一定要做好体育教学过程的优化,这是至关重要的。

---

[1]　许文鑫.中学体育课堂有效互动的理论与实证研究[M].北京:科学出版社,2015:46.

2. 教学最优化的具体实施

在确定了体育教学最优化的目标后,就要根据优化的目标展开各项实施工作。具体的实施工作应包括以下内容。

(1)结合学生的发展实际,全面分析教学任务,提出建议和对策。

(2)深入学生实际,确定体育教学组织内容。

(3)依据教学大纲突出体育教学的重点与难点。

(4)分析具体的体育教学条件,确定合理的教学方法。

(5)针对不同学生实施差异化教学。

(6)确定最优的教学进度,尽可能地取得最为理想的教学效果。

(三)有效教学理论

有效教学属于教育学中一个非常重要的理论内容,关于有效教学的概念,不同的专家有不同的见解和看法。但绝大部分的专家及学者都将有效教学的概念归纳为目标取向、成就取向和技能取向三个方面的内容,这一看法得到了众多教育学专家的认可。

关于有效教学,国内很多的教育学专家也有自己的看法,主要从以下几个方面来解释有效教学。

(1)利用经济学理论对有效教学的效果、效益、效率等进行阐释。

(2)有效教学的内涵集中体现在"有效"和"教学"两个方面,要从这两个方面对有效教学的概念作出界定。

(3)以学生发展为价值取向来界定有效教学。

(4)从表、中、深三个层面来阐述有效教学的结构。

二、相关的教育理念

(一)情感教育理念

心理学研究表明,人的情感会在很大程度上影响本身的认知活动、实践活动。在高校田径教学中,情感这个变量因素也对整个教学活动产生至关重要的影响。学生学习田径的动机主要来源于内在需要,在田径教学中教师要积极体察、开发学生的内在需要,如情感需要、认知需要等,并尽可能使学生的内在需要得到满足。

除此之外，体育教师还要认真思考与研究如何使学生对自己的运动潜力有一个正确的认识，如何激发学生的运动动机，如何鼓励学生以积极的情感参与田径练习，并克服消极学习情绪，如焦虑、自卑等。在田径教学过程中，情感教育是一个不可缺少的内容，将情感教育融入田径教学中，要对学生的学习态度、自尊、情绪及情感予以关注，对学生的个人发展需要、情感互动关系给予关注，这对于学生的全面发展具有重要的意义。

体育教育的一个重要功能就是育人，"育人"是情感教育的关键，因此在田径课堂上实施情感教育时要重点对大学生的情感素质进行培养，促进其情感素质的提高。这里所说的情感素质指的是个体情性方面的心理素质，是个体在实践中受先天遗传因素、后天环境因素的共同影响而形成的积极的情感心理特征，大学生的情感素质具有相对稳定性，而且与大学生的年龄特征、心理特征相适应。情感素质包含了人际情感、道德情感、审美情感、理智情感、生活情感等多种多样、错综复杂的内容，这几个方面情感的培养非常重要，在平时的田径教学中需要引起重视。

（二）开放教育理念

开放教育这一理念起源于20世纪60年代，这一教育理念一经提出就引起了强烈的反响，如今也有着重要的地位。心灵开放是开放性教学思想的本质，可见开放教育理念具有重要的哲学意义。

在现代社会快速发展的背景下，科技在教育教学中的应用越来越普遍，现代化教育水平得到显著提升。在教育教学中树立开放教育理念是适应时代发展需要的重要体现，传统教育模式偏于教条化，相对较为封闭，活力不足，树立开放教育理念有助于改革传统教育模式，提高课堂教学的开放性，优化课堂教学效果。开放教育理念应贯穿于教学过程的始终，应体现在教育教学的各个方面，如教学目的、教学内容、教学环境、教学资源、教学方式、教学风格等教学要素都要体现开放性特征。

总体而言，开放教育理念的核心思想是"以人为本"，在高校田径教学中，要坚持以人为本，以学生为本，围绕学生实施开放性教学，探索开放的、与时代发展相符合的教学模式，这样才能促进教学质量的提高，促进学生的全面发展。

（三）创新教育理念

伴随着现代社会的不断发展，教育界提出了以改革传统教育模式为中心内容的创新教育理念。创新教育的内容比较丰富,包括发现教育、思想教育、人格教育、心理教育等,不管是哪种教育,它的核心都是培养学生的创新创造能力。创新教育理念的提出与落实还充分体现了对素质教育理念的全面贯彻,能有效地促进学生创新能力的提高。

在具体的高校田径教学中,要将创新教育理念贯彻于整个教学过程的始终,体育教师在教学中要注意以下几点。

(1)体育教师要树立现代教育的先进思想,改革传统的灌输式教学形式,充分发挥自身的引导作用。

(2)体育教师要实现制定科学合理的田径教案,选择的教学内容要有利于激发学生学习的积极性,并设计与实施相应的新型教学方法,从而活跃课堂氛围,改善教学环境,在良好的教学环境下促进学生创新能力的提升。

(3)在平时的教学中,体育教师还应主动提升自己的教学能力、业务素养、综合素质,参加各种各样的培训活动,使自己的教学能力和综合素养达到素质教育理念、创新教育理念的要求,这对于学生创新能力的提升具有重要的意义和作用。

三、体育教育的过程

(一)确立体育教育目标

通常来说,体育教育主要有以下几个目标,这几个目标缺一不可,在体育教育中一定要引起重视。

(1)增强学生体质,促进学生身心健康。

(2)掌握体育知识和运动技能。

(3)培养学生的体育兴趣爱好和运动习惯。

(4)培养学生良好的心理品质,提高学生的人际交往能力。

(5)培养学生良好的责任感和危机意识,养成健康的生活方式。

(二)精选体育教学内容

体育教学的内容有很多,要想促进教学质量的提升,还需要精选出符合教育要求和学生发展的教学内容,在选择体育教学内容时要从以下几个方面进行选择。

(1)基本的身体活动动作。
(2)基本的运动技术。
(3)体育锻炼原理与方法。
(4)体育道德与礼仪知识。
(5)体育文化与保健知识。

(三)优选体育教学方法

体育教学质量的提高也在很大程度上受到教学方法的影响,科学合理的教学方法会促进体育教学质量的提高,因此,一定要重视体育教学方法的选择和优化。在体育教学方法的选择与优化中,要重点考虑以下几点。

(1)根据体育课的目的与任务来选择。
(2)根据学生的实际情况来选择。
(3)根据体育教学内容的特点来选择。
(4)根据体育教育方法的功能、适用范围及使用条件来选择。
(5)根据教师的教学能力和学生的学习能力来选择。
(6)根据教学时间和进度安排来选择。

(四)落实体育教学评价

体育教学评价是对体育教学过程、教学结果的价值判断,可评价教学过程中教和学的各个方面,包括对体育教师教学的价值判断和对学生学习的价值判断,评价方式有自评、互评、他评以及定性评价、定量评价等几种。具体评价内容见表2-1。

表2-1 体育教学评价内容

评价类型	评价内容
体育教师工作评价	教学目标
	教学内容
	教学方法
	教学基本功
	教学艺术
	教学技巧
	教学效果

续表

评价类型	评价内容
学生学习评价	学习态度
	学习过程
	日常学习表现
	个性心理品质
	体育考试成绩

四、体育教育教学的规律

（一）身心并动规律

与其他课程教学不同，体育教学主要是通过身体运动的方式进行，学生要通过身体练习完成锻炼身体的任务，实现增强体质的目标，这是体育教学和其他学科教学的一个主要区别。由此可看到体育教学具有身心并动的规律，这是体育学科的独特教育规律。田径教学作为体育教学的主要内容之一，教学过程中同样具有身心并动规律。田径教学中，教师的教学活动和学生的学习活动都是思维活动、身体活动密切结合的，虽然身体活动更多一些，但居于主导地位的还是脑力活动。

教师讲解教学内容是思维活动的主要表现，教师给学生示范体育动作和辅导学生练习是身体活动的主要表现。学生接收与理解教师传递的教学内容信息需要用脑思考，进行脑力活动，学生观摩练习和模仿练习需要进行大量的身体活动。一般来说，田径理论教学中，思维活动多一些，田径实践教学中，身体活动多一些，师生的身体活动都是由思维主导的。在田径教学中，教师既要将各种田径项目的基本知识、技能原理传授给学生，又要使学生在身体活动中接受一定运动负荷的刺激，以促进其身体素质的提升。所以说学生接受的教育既有知识教育，又有身体教育。在田径实践课上，教师应对运动量、运动负荷、练习密度合理进行安排，从学生的身体素质和田径运动基础出发制定运动处方，以多样化的练习方式使学生体质得到增强，田径技能得到提升。体育教师要遵循身心并动的教学规律，合理选择舞蹈教材和筛选教学内容，有效实施多元化的教学方法和教学模式，发挥教学理论对教学实践的

第二章　高校田径课程设计的学科理论基础

指导意义，使学生在课堂上多动脑，经过思考再练习，避免不加思考地盲目练习，否则会影响学习效果。学生在田径课上要多听，多看，多想，多练，将思维活动与身体活动密切结合起来。为了引导学生积极思考，教师要善于灵活运用启发式教学方式，启发学生的积极思维，使其深刻理解所学内容，在理解的基础上多学多练，提高学习效果。

（二）教、学、练结合的规律

在体育教学中，必须要遵循教、学、练结合的基本规律，这是体育教学的重要规律，破坏这一规律是很难取得理想的教学效果的。这一规律也是体育教学区别于其他学科教学的一个重要特征。田径作为体育项目之一，在田径教学中同样能够体现出教、学、练相结合的客观教学规律。

田径教学实践离不开身体活动，这也是体育教学的重要特点。在田径实践课上，教师要示范技术动作，同时配合语言讲解，将身体语言和口头语言紧密结合起来，从而向学生传授田径知识与技能，而这些教学内容又是他人的认识成果和研究成果。学生听教师讲课，观察教师的示范，对他人的认识和研究成果进行学习，这是间接学习方式。学生在观察后还要亲自进行各种形式的模仿练习和创新练习，从而在反复实践中提高自己的运动技能。

教师、学生是田径教学中的重要主体，缺少任何一个要素都难以构成完整的教学过程。有些教师只顾自己教，完成自己的任务，忽视了对学生学练时间的安排，导致课堂教学效果达不到预期。教、学、练缺一不可。教师通过教学传授知识与技能，学生通过学习继承这些成果，并通过课内外的不断练习来促进他人认识和研究成果的拓展与完善。总之，要想取得理想的教学效果，必须要将教、学、练紧密结合起来进行，要遵循这一教学规律，否则就难以取得预期的教学目标。

（三）五育并举规律

体育教学要注重德、智、体、美、劳的共同发展，这一观念符合当今体育教育的要求，也是田径教学的一个重要规律。现代学校教育倡导将体育、德育、智育、美育、劳动教育充分结合起来，学校教育的这五个方面缺一不可。对德智体美劳全面发展的合格人才进行培养，使其为国家建设做贡献，这是学校教育的主要目的，学校为国家培养合格人才的基本途径是教学。不管在什么情况下,具有教育学的教学活动都能发挥重要的教育作用,促进学生成长成才。

　　田径教学具有教育性,这是它的客观属性,也是必然属性,在田径教学过程中应遵循德智体美劳并进的规律,充分贯彻德智体美劳全面发展的教育方针,对思想教育、知识教育、美学教育、技术技能教育、劳动教育的关系有一个正确的认识,并妥善处理它们之间的关系。德育、智育、体育、美育、劳育五者密切相关,这是在田径教学中德智体美劳全面发展教育规律的具体表现。对德育、智育、体育、美育、劳育之间的辩证关系有了正确认识后,就能对田径教学中的发展身体、提升教养、提高知识水平等教学任务有正确的理解。这几个教学任务相互依存、相互促进,在教学过程中应将它们充分结合起来,具体某一方面的教学任务可根据教学需要、教学目标的不同而有所侧重,但不能只强调侧重的那项任务而忽视其他任务,要尽可能做到兼顾。这就要求教师在田径教学中不仅要传授舞蹈知识,提高学生的知识素养,还要合理安排技术课的运动负荷,以培养学生健康体质,同时还要将思想品德教育、美学教育、劳动教育等融入其中,使学生在田径课上既学到了知识,锻炼了身体,又提高了自己的美学素养和道德水平,又锻炼了自己的劳动能力。可见,在田径教学中遵循德智体美劳并进规律,将五个方面的教育有机结合起来,可促进学生的全面发展,这是素质教育的要求,也是整体提高田径教学质量的要求。

　　在具体的田径教学实践中,体育教师要根据实际情况合理安排好德育、智育、体育、美育与劳育的时间比例,将这一项因素充分整合起来,以传授田径知识与技能、锻炼身体为主,同时将道德教育、审美教育、劳动教育等融入其中,这对于学生综合素质的发展和提高是十分有利的。

五、体育教育的原则

(一)直观性原则

　　直观性是体育教学的一个重要特点,在具体的教学中,要采用直观的教学方式,如示范、录像、挂图等,这些方式能够刺激学生的视听器官,使其通过看和听,再结合自己的思考与心理活动,从而了解体育教学内容，如对动作结构、动作路线及动作方向有所了解。直观教学方式首先给学生带来的是感性的思考，然后学生在感性思考的基础上做理性分析与判断，从而逐渐掌握教学内容。

在具体的教学实践中，体育教师要对所教动作的主要结构及关键环节进行强调，并指明哪些动作是重点，哪些是难点，它们在动作结构中居于什么样的地位，有什么样的作用，和其他动作有什么样的关系等，使学生树立整体观，既掌握了整个动作，又能准确把握教学的重难点。

体育实践教学中，经过初步掌握这一教学阶段后，接着进入改进与提高教学阶段，这一阶段要引导学生从自身实际情况出发进行高水平更高层次的练习，而不再是机械性地简单模仿教师的动作。结合实际是这一阶段必须强调的一个前提，如果脱离实际进行训练，则不仅学习效果差，还可能损害身心健康。

在体育教学中，体育教师应启发学生积极思考，引导学生积极参与实践，在这样的情况下能有效提高体育教学的质量和效果。

（二）智体合一原则

智体合一也是学校体育教育的一个重要原则，这一原则是指在教学中将思维与实践操作结合起来。与其他学科教育不同，体育教学主要是以身体运动为主的形式。在传统体育教育中，一味强调通过增强学生体能来使其掌握运动技能，而对智能的重要性没有给予重视，因此没有将智能教育融入体育教育中，导致学生对运动技术的原理、内涵缺乏深刻认识与理解，这直接影响了学生自主学习与训练的积极性，影响了其在实践中对所学运动技能的运用与发挥。智体合一的教学原则可以促使学生从"体能型"向"体能、智能结合型"转变，对于学生的全面发展具有重要的意义。

在田径教学中，贯彻智体合一的原则是非常重要的。要求体育教师对田径技术动作要领进行精讲，同时要让学生知道所学动作的重要性及该技术动作在国内外的发展水平。这样学生在新技术的学练中就会树立一种全新的技术观与价值观，提高学习的效果，促进学习水平的提升。

在体育教学的巩固与提高阶段，指导学生进行穿插练习，并对动作原理、动作细节进行解释与强调，使学生对所学动作的理解更全面、深入,并引导学生充分感受在练习过程中身心发生的变化,在学生进入自动化阶段后鼓励学生适当创新,找到适合自己的创造性的学习与练习方式。在这样一种教学情境下,才能取得理想的教学效果。

(三)掌握知识结构与培养能力相结合原则

体育教师非常重视学生能力的培养,因此还要掌握知识结构与能力培养的基本原则。在体育教育中贯彻掌握结构与培养能力相结合的教学原则,使学生对体育知识与技能予以掌握,充实学生的知识结构与技能结构,并在此基础上培养学生的实践能力。

体育知识技能的整体结构一般由基本定义和规律组成。体育教师在设计教案或训练规划之前,必须对教学内容的整体结构有一定的掌握,这样在教学规划设计中才能做到统筹安排,合理布局,突出重点,逻辑清晰,从而为学生系统地、有条理地学习体育知识和技能以及掌握完整知识技能结构提供正确引导。

在信息社会背景下,对信息的快速获取与准确处理是每个人都应该具备的能力。如果缺乏这方面的能力,那么要适应信息更新迅速的复杂现代社会则会有一定的难度。在体育教育中如果不注重培养学生这方面的能力,那么就会制约学生向高体能、高智能的体育专业方向发展。传统"填鸭式"体育教学模式不注重对学生自主获取知识和探索知识的能力进行培养,进而影响了其社会适应能力的提高。新时期体育教育中必须重视对学生自我学习能力的培养。具体而言,在体育教育中贯彻掌握结构与培养能力相结合的原则需要注意以下几点。

1.掌握知识结构

体育教师首先自己要对体育学科知识结构的掌握达到精通的程度,对体育理论知识体系中各部分知识之间和运动技能体系中各技能之间的内在联系有准确深入的理解,然后在教学中引导学生对完整的知识结构和动作结构予以掌握,再细化动作,使学生将动作细节掌握好,从而提高教学效果。

2.培养实践能力

学生的自学能力很重要,在体育教育中教师不仅要手把手教学生体育知识和运动技能,还要启发学生的思维,鼓励学生自学、自练,鼓励

第二章　高校田径课程设计的学科理论基础

学生之间协同起来组织简易体育赛事,并引导学生自主探索创新性的学习方法和练习方法,培养学生的探索意识、探索能力以及创造性,这有助于促进学生的全面成长与发展。

3. 掌握知识结构和培养实践能力的关系

知识和能力之间存在着密切的关系,主要表现为相互作用,相辅相成,一定条件下相互转化。培养不同的能力对知识结构的要求不一样。在体育教育中要先使学生对体育知识结构熟练掌握,然后在此基础上对其运动能力和其他方面的实践能力进行培养,而在培养能力的过程中又能使学生进一步巩固知识,并使所学知识在实践中真正发挥作用。

（四）精益求精原则

在体育教育中,还要遵循精益求精的基本原则。当学生对基本的技术动作有所掌握后,通过再加工使学生对技术动作从初步掌握发展到牢固掌握、稳定掌握甚至超前掌握,也就是使学生将教学内容掌握得更牢固、更精确,这就是精益求精的教学原则。很多竞技体育人才当竞技能力和运动成绩达到一定的高度后,要再有新的突破就很难了,这时就需要对已经掌握的技术动作进行"深加工"式的改造与处理。对那些大强度运动项目的专项运动员来说,因为技术动作难且复杂,再加上要在短时间内完成高超的技术,因此必须依靠"深加工"来取得新的突破,达到运动专项对运动员提出的高度稳定性和高度精确性要求,从而在激烈的比赛中占领优势,取得好成绩。运动员对动作技术的掌握要达到精益求精,这对其获取比赛胜利具有重要意义。体育教育中培养竞技体育后备人才也要注重精益求精,从而为国家输送优秀的体育人才,为其将来发展成为优秀运动员奠定基础。在体育教育中,贯彻精益求精原则需要注意以下几个要点。

1. 重视细节教学

现阶段,我国很多体育教师和体育教练员在体育教育与训练中不重视对动作技术的深加工与精加工。差不多就行的思想严重制约了体育教育和训练质量,影响了体育人才的培养与提升。对此,必须改变这种错误思想,贯彻精益求精的原则,在教学与训练中重视细节,强调每一处容易出错的地方,使学生对动作技术的掌握既准又精。

2. 提高技术稳定性

在体育比赛中，技术的稳定性非常重要。一场体育比赛中，如果双方实力相差不大，那么决定比赛结果的因素主要就是双方的心理素质和技术的稳定性了，因此在体育教育中必须重视提高学生掌握技术动作的稳定性，采取一些辅助性的教学与训练手段来强化稳定性，指导学生不断重复练习来达到稳定与巩固的效果，这样可以避免学生学过就忘。

3. 与实战结合

体育教学必须要结合实战才能取得理想的效果，与实战结合也是日常学习与练习时熟练稳定地掌握技术动作的必要手段，而要强化这种学习效果，就要与实战结合起来，通过大量的比赛取得理想的效果。

第二节　高校田径课程设计的哲学基础

田径课程教学设计也讲究一定的哲学原理，因此，体育教师与学生都要学习必要的哲学知识。哲学理论中涉及的理论知识非常丰富，这里，重点对其几个基本理论加以简要分析和阐述。

一、哲学基本理论

（一）主体间性理论

主体间性理论是由哲学家胡塞尔提出的。这一理论主要研究的是，意识所具有的特殊构造功能。这个构造功能就是指：一个主体的意识如何从自身出发通过移情和共现的方法超越自我构造出另一个主体。将这一理论应用于体育教学之中，不仅使体育教学中教师与学生这两个主体之间是平等的关系得到明晰,而且还明确了师生关系与主体关系的比对,前者更甚于后者,走向主体间性,对体育教学中师生、生生主体间的相互理解与沟通进行了强调,达成了共识和互识。

在体育教育中,师生关系的增进,并不仅仅是依靠体育教材内容,除此之外,体育与健康知识、运动技能、思维、情感、意志、价值观等方面,师生之间可以进行双向甚至多向交流、互动,并共同建构。另外,教师和学生之间的连接与沟通可以借助对自我身心和他人身心的统摄和赋义,构造师生主体之间同一的形神,让师生主体间认识、交流成为可能,并能达成精神世界的理解与共识。

综上所述,体育教学中师生、生生主体间得以有效互动的前提是他们都是主体,只有主体与主体之间才有交互性,教师与学生、学生与学生之间出现错位、矛盾以及不理解或代沟,通过悬置、还原、构造,在认识理论上是可以解决的。

(二)交往行为理论

1. 交往行为理论的提出

哈贝马斯是交往理论的创始人。[①]哈贝马斯的交往行为理论被称为社会哲学理论的经典,其影响深远,这也体现在我国的哲学和教育学上。

哈氏交往行为理论主要体现在以下几个方面。

(1)将行为划分为目的性行为、规范调节行为、戏剧式行为和交往行为,确定交往行为的概念。

(2)提出交往的交互主体性及主体间性。

(3)哈氏交往行为理论更进一步迈向了"理性"的批判,通过对交往行为理论的深刻剖析提出交往合理性的概念,并对语言的真实性、正当性等有效性提出要求。

(4)他提出要建立一个普遍的规范,建立一个理想的对话环境,并对主体间的对话活动非常重视。

---

① 王淑英.学校体育课程体系研究[D].河北师范大学,2012.

2.交往行为理论在体育教学中的应用

哈贝马斯交往行为理论的影响如下所述：
（1）明确了体育教学中师生、生生之间的关系。
（2）充分体现了教学主体间平等对话、相互尊重、民主合作、相互理解等思想。

（三）交往实践理论

1.交往实践理论的提出与内容

马克思主义交往实践理论在社会发展中的影响是非常深远且突出的，但是，其突出贡献可以大致归纳为两个方面。

（1）马克思主义将人类的交往与生产劳动紧密地联系在一起。人类与动物的最大区别就是是否从事生产劳动。

（2）人类社会交往中所包含的交往，可以从两个层面进行理解，一个是物质层面，一个是精神层面，从根本上来说，这里所说的精神交往实际上是物质交往的产物。

交往实践是社会发展和历史演进的核心动力和基础，是社会中个体成长的必不可少的前提，这也是本学说提出的重要观点之一。

2.交往实践理论在体育教学中的应用

在体育教学过程中应用马克思主义的交往实践观进行审视，可以发现，体育教学活动已经成为多主体的师生、生生之间通过建构共同的客体文本而进行的互动和交往的过程。从某种意义上来说，体育教学过程实际上就是师生、生生之间的交往实践过程。在关系性范畴下，它体现为师生、生生平等主体间的互动、交往关系；在活动性范畴下，它又是师生、生生在平等民主的关系中通过中介客体改造主客观世界获得不断发展的过程。[①]

---

① 许文鑫.中学体育课堂有效互动的理论与实证研究[M].北京:科学出版社,2015:42-43.

二、哲学理论在田径课程教学中的应用

哲学是所有学科研究的重要学科基础和理论基础,对于田径教学而言也是如此。哲学理论能够为教学研究提供方法论和思想基础,学校体育教学研究也是在哲学基础上进行的,学校体育教学研究要整合各种哲学思想,以马克思主义哲学思想为基本指导,整合中西方历代各流派哲学思想之精华,把握各流派哲学思想之间的共同点和差异性,与我国体育教学改革背景与实践相结合,将哲学理论的作用和价值充分发挥出来。因此,在田径课程教学与设计中,也要贯彻这一理论,如此才能取得好的效果。

第三节 高校田径课程设计的课程论基础

课程论是田径课程设计的重要理论基础,在这一理论的指导下,田径课程的设计才能保证科学性和合理性。

一、相关的理论原则

体育课程的理论原则集中体现在整体性、有序性、动态性、开放性等几个方面。这几个方面非常重要,能为体育课程的设计提供重要的理论指导。

(一)整体性原则

世界上的任何事物都不是杂乱无章地堆积在一起的,而是有一个遵循一定规律与原则的整体。整体性原则就是指认识主体始终把研究对象视作一个整体去研究,不割裂其中的任何要素,这种整体性研究才是科学和合理的。系统整体包含各种各样的要素,各要素之间存在着密切的联系,相互配合,共同推动着整个系统的发展。这就是课程论的

整体性原则。在进行田径课程设计时,要把握这一原则,从整体上考虑,这样才能设计出科学的教学方案。

(二)有序性原则

有序性是指系统内部要素的相互联系及组织结构的层次性和等级性。所有的系统都由要素构成,系统和要素的区别是相对的,一个系统只有相对于构成它的要素而言才是系统,而相对于由其他事物构成的较大系统而言,它又是一个要素,也可称为一个子系统或分系统。某项事物要想顺利运转,必须要讲究系统性,按照有序性的原则开展各项活动。

(三)动态性与开放性原则

对于某项事物而言,系统中的各项要素都是处于不断地变化之中的,系统内各要素以及与系统外不同要素之间相互沟通与联系,共同推动着系统的发展。可以说,系统总是在同外部环境的相互作用中调整着自己的要素和结构,系统是在从无序到有序、低序向高序和从有序又向无序的反复过程中,以整体性的运动方式得以形成、演化和发展的。最优化是用系统科学方法研究问题的最终目标。[1]

在科学研究中,运用系统科学的方法对某项事物进行研究时,要立足于整个系统的要素、结构、功能,并细致分析其中的相互关系,实现各要素的最佳构建和配置,最终实现整体的最优化。以上就是动态性与开放性的基本原则,我们在进行体育课程的研究时也要遵循这一原则。

二、学校体育课程体系的构成

我们在研究学校体育课程体系时应重点研究两个方面:一方面是学校体育课程体系的各要素构成;另一方面是学校体育课程体系的整体性的形成与发展。这两个方面的研究非常重要,只有理解了这两方面的内容,才能更好地展开体育课程教学的设计,更好地组织与管理教学活动。

世界上任何事物都不是孤立存在的,而是与其他要素存在着一定

---

[1] 王淑英.学校体育课程体系研究[D].河北师范大学,2012.

第二章　高校田径课程设计的学科理论基础

的联系,它是由相互联系的各要素而构成的一个整体或系统。依据不同的划分标准,系统可以划分为多种形式。如依据要素的性质可以将系统分为物质系统与精神系统、自然系统与社会系统等;依据系统的规模和大小可以将系统分为超系统、大系统、中系统和小系统等。下面我们按照"子系统"和"分系统"的划分方式来分析学校体育课程体系的构成。

（一）子系统

一般来说,系统的每一等级都包含有相对独立的多个子系统,正是在这些子系统的集合之下才形成一个完整的整体。系统与子系统之间的联系方式是下级子系统的集合形成上一级系统,由此关系形成由上而下或者由下而上的系统等级。[①] 根据这样的结构形式,可以把大中小学四个学段的体育课程作为四个相对独立的子系统,四者的集合构成学校体育课程体系。四个学段的子系统相对独立,各自具有教育者、受教育者、教育内容及载体等基本要素的相互联系,且各要素之间的联系非常密切和多样。各个子系统的发展都会对系统整体的发展产生极为重要的影响。

（二）分系统

分系统是指系统的各级子系统在某些方面具有意义关系或实体联系,由这些意义联系的方面或由贯通性质的要素以一定的秩序组织起来的系统构成所属系统的分系统。分系统的研究方法具有十分重要的意义,对任意系统的研究不仅包括各子系统(或要素)的研究,还包含对其相互关系的研究,以及分系统与分系统之间关系的研究。大中小学的体育课程体系均是由课程目标体系、课程内容体系、课程实施体系和课程评价体系等要素构成,每一个要素就构成一个分系统。

研究子系统、分系统与系统整体之间的关系,合理把握系统内各要素之间的联系对于系统整体的发展而言具有重要的意义。学校体育课程体系作为一个大的整体,其中各要素之间的关系也需要调和与发展,掌握基本的课程理论对于学校体育课程发展,对于田径课程设计都具有重要的意义。

---

① 王淑英. 学校体育课程体系研究 [D]. 河北师范大学,2012.

第四节　高校田径课程设计的系统论基础

一、系统的概念、构成与特征

（一）系统的概念

不论是自然界还是人们所生活的社会都属于一个大的系统,这一系统中涵盖着大量的要素,各要素相互联系与促进,从而推动着系统的发展。一般来说,系统主要由若干子系统构成,小的子系统又包含诸多元素,这些要素不是固定不变的,而是处于不断的发展和变化之中。

（二）系统的构成

系统的形成与发展需要具备元素、结构和环境等三个前提,只有这几个要素具备了,系统才能得以形成与发展。

（1）元素。系统包含多方面的元素,这些元素之间不是孤立存在的,而是相互联系、相互促进,推动着整个系统的发展,缺少了任何一方面的元素,系统的发展都会受到一定的影响。

（2）结构。任何一个系统的发展都不是盲目的,而是在一定的结构下发展,系统的结构要保持完整,如此才能获得健康的发展。任何系统都有一个特定的结构。采取各种手段与措施完善这一结构对于系统的整体发展而言具有非常重要的意义。

（3）环境。环境也是系统发展的要素之一,正是在这一要素的促进下,系统才得以形成与发展。没有了环境,系统也就失去了存在的基础,因此,建设一个良好的环境对于系统的发展非常重要。

以上就是系统得以形成与发展的重要前提和条件,每一个方面都非常重要,掌握系统论的基本理论对于体育教育的发展具有重要的意义。

（三）系统的特征

通常来说,一个完整的系统应具有以下几个方面的特征。

1. 集合性特征

系统是一个有组织的整体,系统内元素众多,各元素组合在一起集合为一个系统,因此说系统都不是孤立存在的,而是由不同元素(子系统)按照一定结构的有机组成。[①]

2. 整体性特征

系统内包含多种要素,每一个要素各有自身鲜明的特点与功能,同时也有一定的缺陷,需要经过优化与组合,才能构建一个健全和完善的系统。因此说,系统具有重要的整体性特征。

3. 相关性特征

系统内各要素之间有着非常密切的联系,各要素的发展都是为整体系统服务的,在这些要素的密切配合下,系统得以不断发展。在体育教学系统中,教师、学生、教材等都是体育教学系统内的各个要素,它们之间彼此联系,推动着体育教学系统的进一步发展。

4. 反馈性特征

系统要想顺利运转就需要具备良好的自我调节能力,这一能力需要通过反馈进行,通过反馈可以使系统收集到各种系统内部与外部的相关信息,然后系统根据这些信息做出自我调节,从而维持系统的稳定性。由此可见,系统具有重要的反馈性特征。

二、体育教学系统要素

体育教学系统非常复杂,主要由一个个子系统构成,各子系统又由诸多要素构成,这些要素的特征与功能决定了体育教学系统的功能和特点。

在体育教学中,要设计出合理的教学方案,首先就要充分了解系统内各要素的构成,了解系统内各要素的特点与功能。

一般来说,体育教学系统主要由以下要素构成。

---

① 佟晓东.体育教学设计与实践[M].沈阳:东北大学出版社,2009:56.

(一)学生

学生是田径教学活动中的重要主体,可以说是田径教学中最为重要的,一切教学活动的开展都应围绕学生进行,这体现了"以人为本"的基本理念。学生要想获得良好的发展,就必须要建立一个良好的体育知识与技能结构,包括体育理论、体能、技能等多方面获得共同发展。

(二)体育教师

体育教师也是田径教学中的重要主体,没有教师,整个田径教学活动也难以顺利地进行。体育教师除了要具备丰富的知识与技能外,还要具备出色的教学组织与管理能力。在具体的田径教学设计中,体育教师要充分发挥自身的主导性,组织与管理好整个教学过程,提高教学的效率和质量。

(三)体育教学内容

一个完整的体育教学内容体系主要包括以下几个部分。
(1)身体教育:促进学生身体素质的发展和提高。
(2)保健教育:为学生提供良好的卫生、安全等教育。
(3)竞技体育:丰富学生的体育知识与运动技能结构体系。
(4)娱乐教育:培养学生良好的体育意识和习惯。
(5)生活教育:培养学生快速适应社会的能力。

(四)体育教学方法与手段

体育教学方法与手段对于体育教学质量的提高具有非常重要的意义,在具体的田径教学中,体育教师要结合当前教学实际和学生特点选择合适的教学方法与手段,并进行不断的创新,以适应体育教学的发展和需要。伴随着现代科学技术的发展,各种信息化技术逐步应用到体育教学之中,极大地提高了体育教学的质量。

(五)体育教学媒体

在田径教学中,教学媒体可以说是师生交换和传递信息的重要工具。缺少了教学媒体,整个教学活动也是难以顺利进行的。因此,体育教学媒体也是体育教学系统的要素,要加强这一方面的建设与发展。

一般来说,体育教学媒体主要分为传统教学媒体和现代教学媒体两个部分。如今,现代教学媒体得到了广泛的利用,在进行田径教学设计时,设计人员要多考虑现代教学媒体这一方面的内容。

三、系统理论在田径教学设计中的体现

（一）注重田径教学设计的整体观和统筹规划

田径教学系统具有一定的整体性特点,这一系统内涵盖多种要素,每一个要素都是相互联系,共同促进和发展的。因此,体育教师在进行田径教学设计时要合理地把握田径教学系统的这一特点,注重教学设计的整体安排和统筹规划,如此才能设计出科学合理的教学方案,促进田径教学质量的提高。

（二）重视田径教学系统各要素的有机联系

田径教学设计是一项复杂的工作,这一项工作是在设计—实施—反馈—修改设计这样一种循环往复的过程中进行的。[①] 田径教学系统内的各个要素之间存在着密切的联系,要想实现整体系统功能之和,就不能忽略任何一个要素的发展。在具体的田径教学设计中,体育教师应明确整个系统与各要素之间的关系与特点,并结合具体的教学实际设计出科学合理的田径教学方案或计划,从而确保田径教学质量的提高。

---

① 邓凤莲.体育教学设计系统观和设计程序研究[J].体育教学,2011（11）:44-46.

第三章 高校田径课程体系的科学设计研究

田径是高校体育教学的基础课程,大学生在田径课程中掌握基本运动技能,提高身体活动能力,对增强体质和学习其他运动项目具有重要意义。因此,高校必须重视对田径课程的设置,注重对田径课程教学体系的构建与完善,不断提高田径课程质量和教学质量。本章主要就高校田径课程体系的科学设计展开研究,主要包括田径课程教学目标、教学内容、教学方法、教学模式以及教学评价手段的设计。

第一节 高校田径教学目标的设计

一、高校田径教学基本目标

高校田径教学的基本目标是使学生对田径基本理论、基本技术及技能予以掌握,形成良好的田径健身锻炼习惯,具备组织田径活动及竞赛的基本能力。基于田径教学的基本目标对学生提出了如下要求。

第一，在高校体育中，田径运动居于重要地位，具有重要作用，学生要对此有所认识，并对田径运动产生兴趣。

第二，关于田径基础理论知识、基本技术技能，学生要予以掌握，并能在田径健身锻炼、训练或比赛中将田径运动理论知识运用到实践中，用理论指导实践。

第三，高校体育教育专业学生要具备良好的田径教学能力，不仅自己会做、会学，还要会教、会讲；能够指导他人进行科学的田径锻炼；能够对校园田径课外活动进行组织与管理；能够在实践中表现出良好的创新能力。

第四，专修田径课程的学生应具备田径科研能力、田径训练指导能力和田径竞赛组织裁判能力。

上面简要分析了高校田径教学的基本目标及在基本目标下对学生的基本要求。高校田径教学的具体目标与课程性质、教学环境、教学对象等因素有关，这些因素不同，教学目标也就有所差异。

高校田径普修课程和专修课程的教学目标不同。前者主要是为了对学生的田径兴趣进行培养，提高学生对田径运动的科学认知水平，使其对基本的田径知识与技术有所掌握，并对田径教法和学法有基本的了解。后者主要是为了促进学生田径技能水平的进一步提高，使其深刻理解田径文化，并具备基本的田径训练能力、竞赛能力以及科研能力。

拓展训练是高校田径教学的重要组成部分，开设的项目主要包括定向越野、野外生存等，开设这类性质的田径课程主要是为了对学生的身心健康素质、社会适应能力进行培养，使学生形成勇往直前、勇于克服困难、团结协作、坚持不懈的良好精神品质。

田径教学的具体目标与教学对象也有关，对象不同，目标也有差异。如果教学对象是运动训练专业的学生，那么田径课程教学主要为了对学生的训练能力、专业技能进行培养；如果教学对象是体育教育专业的学生，那么田径课程教学主要是为了对学生的田径教学能力进行培养；如果教学对象是社会体育专业的学生，那么田径课程教学主要是为了对学生的田径健身锻炼能力、田径健身活动组织能力以及田径健身锻炼指导能力进行培养。

总的来说，在高校田径教学中要根据课程性质、教学环境、教学目标而制定合理的教学目标，教学目标要有所侧重，教学目标确定好后，以此为导向而提出对不同专业学生的具体要求。

二、高校田径教学目标的设计要求

设计高校田径教学目标,要讲究一定的技术,具体要掌握以下技巧或满足下列几方面的要求。

(一)规范化

在田径课程教学目标的设计中要满足规范化要求,即对教学行为特点和教学行为层次予以规范,如关于学生做什么动作的目标描述中,要明确指出是徒手模仿做出该动作,还是持器械做出该动作;如果是持器械,那么是持轻器械还是一般重量器械或者是高出一般重量的器械;要求学生做出该动作是经常做出还是偶尔做出即可;要求学生在什么强度下完成该动作;要求学生独立完成还是在辅助下完成该动作;等等。

(二)情境化

在田径课程教学目标的设计中要指出教学环境或条件,明确在什么样的环境或条件下让学生达到怎样的要求。例如,让学生体会动作是在什么样的情境下体会,是自主练习中,还是教师的帮助或指导下;让学生完成动作是在什么样的条件下完成,是独立完成,还是在标准作业条件或辅助条件下完成;让学生进行练习是在什么样的环境下进行,是在校园中练习,还是在野外环境中练习;等等。

(三)标准化

对田径课程教学目标进行制定,要将相关要求或标准明确提出,如关于器材重量、动作完成程度的标准等,标准明确化的教学目标才更具有良好的导向作用。

三、高校田径教学目标的设计案例

体育教学目标体系具有多层次性和系统性,如图 3-1 所示。田径运动作为体育教学的重要内容,要在学校体育目标的引导下确定田径教学目标、单元教学目标和课时教学目标。下面具体以田径单元教学目标为例来分析高校田径教学目标的设计,授课内容为俯卧式跳高。

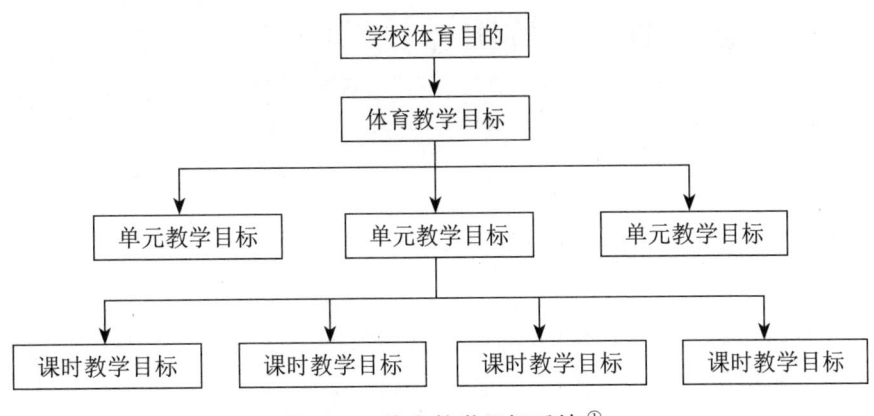

第三章 高校田径课程体系的科学设计研究

图 3-1 体育教学目标系统[①]

田径普修课中俯卧式跳高技术教学的单元目标包括三个维度,分别是健康行为、运动能力和体育品德。

(一)健康行为维度的教学目标

(1)合理地运用俯卧式跳高技术,保证运动中的安全。

(2)准备俯卧式跳高的教学用具,检查器材是否有破损。

(3)学生在进行练习的过程中,相关人员在旁提供必要的保护。

(二)运动能力维度的教学目标

(1)能够在不同条件下完成完整的俯卧式跳高技术。

(2)能对自身或同学完成俯卧式跳高技术的质量进行客观评价,并提出哪些地方需要改进以及如何改进。

(3)能运用所掌握的理论知识和技术技能上一节俯卧式跳高实践课,并根据教学对象的实际情况而灵活授课。

(4)能运用已掌握的技能或技巧对专门性的练习方法进行创造性设计,在创造性练习的过程中实现技术的正迁移。

(三)体育品德维度的教学目标

(1)学生在练习中要养成帮助与保护他人的意识与习惯。

(2)在反复练习中培养和形成良好的思想道德和职业道德。

---

① 李爱国. 田径运动教学研究 [M]. 武汉:武汉大学出版社,2017:25.

第二节 高校田径教学内容的设计

一、高校田径教学内容的组成

高校田径运动教学内容的构成体系如图 3-2 所示，图中直观地显示出高校田径教学内容体系由健身性内容、竞赛内容及文化内容组成。

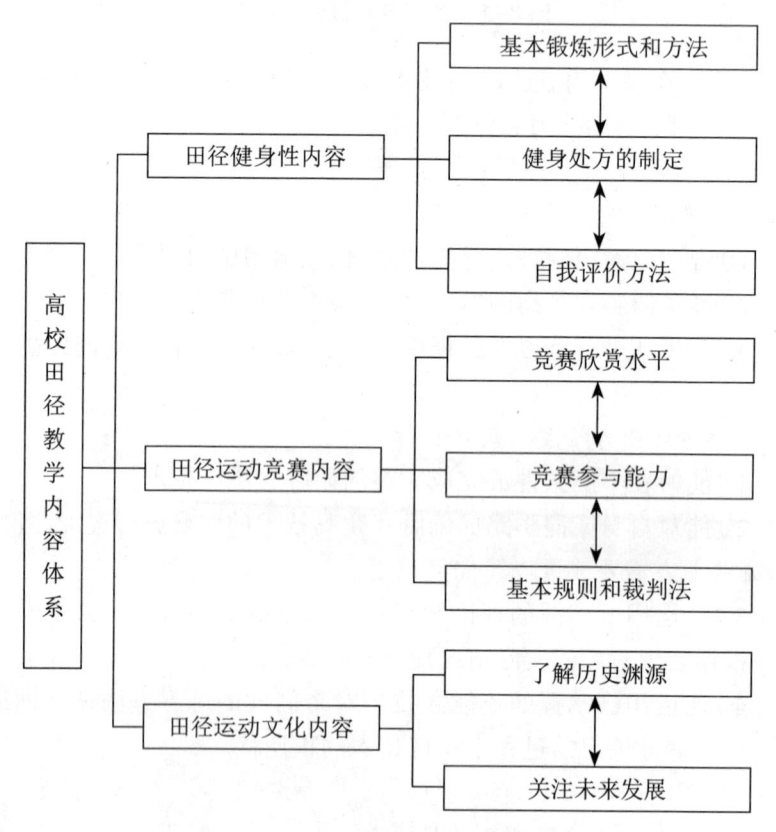

```
                              ┌─── 基本锻炼形式和方法
                              │         ↕
              ┌─ 田径健身性内容 ┼─── 健身处方的制定
              │               │         ↕
              │               └─── 自我评价方法
              │
高校田径       │               ┌─── 竞赛欣赏水平
教学内容  ─────┤               │         ↕
体系          ├─ 田径运动竞赛内容┼─── 竞赛参与能力
              │               │         ↕
              │               └─── 基本规则和裁判法
              │
              │               ┌─── 了解历史渊源
              └─ 田径运动文化内容┤         ↕
                              └─── 关注未来发展
```

图 3-2 高校田径教学内容体系[①]

---

① 杜吉生.普通高校田径教学内容的特点分析与体系构建[J].吉林体育学院学报，2007（2）：105-106.

（一）田径健身性内容

从图3-2来看，田径健身性教学内容主要包括下列三个方面。

1. 基本锻炼类内容

田径运动包括走类运动、跑类运动、跳类运动以及投类运动四大板块，它们构成了田径运动锻炼的主要内容与形式。

2. 健身处方类内容

强身健体、康复保健是田径运动的重要功能，也是部分学生参与田径健身锻炼的主要动机与目的。以健身与康复为主要动机的田径参与者要根据自己的身体情况、兴趣爱好、学习基础、运动能力去制定适合自己的运动处方，明确健身锻炼的时间、强度与频率。然后根据运动处方和计划去参与田径健身锻炼，最终达到理想的锻炼效果，养成良好的锻炼习惯，有效提高健康水平。通过健身处方类内容的教学，学生要具备为自己或为同学制定运动处方的能力，并能根据不同田径项目的特点制定专门的运动处方，在锻炼实践中也要能够根据主客观因素的变化而灵活调整健身运动处方。

3. 自我评价类内容

学生在田径健身锻炼中也要掌握基本的评价方法来评价自己的健身锻炼效果和锻炼处方的科学性，并能对自身的身心健康水平、运动水平进行主客观的综合评价。

学生在田径健身锻炼的过程中，要学会进行主观性的自我评价，即观察自己的身体状态和精神状态，体会疲劳程度，然后根据这些情况对锻炼处方进行调整，以免引起过度疲劳，伤害身心健康。

除了主观评价外，学生也要以标准的田径考核成绩评定指标为参考而对自己的体质、田径技能水平进行评价，在客观评价中将所掌握的理论知识运用其中。在客观评价中既可以评价生理机能水平，也可以评价心理健康水平，以检验自己的身体机能与身体素质，了解自己的心理状态与精神状态，从而更有针对性地进行田径健身锻炼和田径学习，以持续提升自己的身心健康水平和田径运动能力。

（二）田径运动竞赛

田径运动竞赛也是高校田径教学的主要内容之一，具体包括以下几方面的内容。

1. 竞赛参与

在田径竞赛参与类内容的教学中，要让学生对参与的方式与方法以及比赛注意事项予以掌握，对学生参赛的积极性进行培养，使学生养成积极参与体育活动的好习惯，并能倡导他人共同积极参与体育活动。学生在参与比赛的过程中，要清楚自己的日常锻炼情况、身体健康水平，根据自己的真实水平参加适合自己的比赛，比赛中要懂得自我健康监测，如果有明显的不适症状，要及时中止比赛，不要逞强，否则会酿成严重的后果。学生也要掌握田径比赛中常见损伤的紧急处理方式，能够及时化解危机，这都是在培养学生竞赛参与能力中不可忽视的重要方面。

2. 竞赛规则和裁判法

学生参与田径比赛，要对田径运动竞赛规则与裁判法有基本的认识与理解，并能利用规则来提高自己的田径运动水平。在比赛中要严格在规则允许的情况下展现自己的技能。与此同时，学校还要培养学生的田径裁判能力，组织校园田径比赛或运动会而为学生提供执裁机会，促进学生实践能力的提升，为有从事田径裁判工作倾向的学生的未来就业提供良好的实践机会。

3. 竞赛欣赏

田径竞赛欣赏类内容的教学主要是为了对学生的观赛兴趣及赛事欣赏能力进行培养，使学生在观赛中愉悦心理，陶冶情操，强化民族意识，提升民族自尊心和自豪感，并树立向运动员学习顽强拼搏精神和坚强意志品质的信念。很多大学生对一些重大田径赛事还是比较关注的，而且喜欢看优秀运动员参加的精彩赛事，学校可以组织学生观看田径比赛，利用这个机会进一步普及田径运动，并培养学生的田径竞赛欣赏水平。

（三）田径文化

田径文化是高校田径运动教学的一项重要内容，通过向学生讲解田径运动的发展历史、基本理论知识,分析田径运动的未来发展趋势,能够使学生了解田径运动形成与发展的来龙去脉,掌握田径基本文化知识,这是培养学生传播与传承中华民族田径文化使命感的重要机会。高校作为体育文化的重要传播与传承基地,理应将田径文化作为重要教学内容而重视起来。

二、高校田径教学内容选择与设计的要求

（一）健身性与竞技性

田径运动兼具健身性与竞技性两个属性,有的学生参与田径运动更看重其健身性,如强身健体、提高心理素质、陶冶情操、愉悦身心等；而有的学生参与田径训练或比赛则更看重其竞技性,如提升运动素质、发挥潜能、争取良好的运动成绩。以健身为目的和以竞技为目的而参与田径运动的学生要注意在参与实践中应参考不同的理论基础,采取不同的练习方法,甚至选择的活动环境如场地和器材也是有区别的。

事实上,田径健身活动也具有竞技属性,而田径竞技活动也具有健身属性,只是侧重点不同。田径健身活动中的竞技性强调的是在不同练习者之间比较运动能力的不同。田径竞技运动中的健身性强调的是田径训练、田径比赛对参与者运动素质、运动能力产生的影响。

普通高校的田径课程教学更注重田径运动的健身性,体育专业往往是健身性和竞技性二者兼顾。在"健康第一"教育思想的指导下,高校开展田径课程非常注重对学生身心健康素质以及社会适应能力的培养,强调通过田径教学全面提高学生的健康水平和身体活动能力。为了达到这一目的,高校要选择具有健身功能与娱乐价值的田径教学内容,培养学生的学习兴趣,提升学生的健康水平。在健身性田径教学内容的组织与实施中,要从不同专业学生的实际情况出发而安排教学方法与运动负荷,要尽可能满足不同专业学生的需求,但适当将田径运动的竞技性淡化到大部分学生都能普遍接收的程度。从而通过田径教学达到知识、技能、情感、社会适应等不同领域与维度的教学目标。

高校田径教学强调田径运动的健身属性,但也不能忽视这类运动的竞技属性。针对体育专业尤其是运动训练专业的学生开设田径课,要将田径运动的竞技性重视起来,要通过科学专业的田径训练而提高

学生的专项竞技能力。面向这类学生进行田径运动教学,要注意选择竞技性突出的教学内容,严格规定运动场地、运动器材的规格与标准,加强专业指导,对学生的田径技能提出较高的要求,挖掘与培养优秀的田径后备人才,多组织比赛来提升他们的实战能力。

(二)趣味性与全面性

田径运动技术比较单一,而且相对来说难度也不大,学生在田径课上反复学习单一的动作,长此以往,便会产生无趣的乏味感,甚至是厌学情绪,为避免这种情况发生,选择具有趣味性的教学内容很有必要。将田径趣味游戏引进田径课堂中对于提升学生的参与兴趣和热情以及提高学生的参与效果具有重要意义。田径授课教师要具有灵活变换教学方式和设计游戏活动的能力,如在跑类运动教学中,不能一味让学生进行重复跑练习,而要适当组织一些游戏或比赛,如接力跑比赛,这样学生便会积极参与其中。因此,田径授课教师要从学生的学习需要出发,采取丰富多样的教学形式来实施趣味性田径教学内容,使田径课堂教学氛围更加活跃,使学生的学习热情高涨,最终达到良好的课堂教学效果。

选择趣味性田径教学内容,不仅要关注对学生学习兴趣和健康体质的培养,而且还要使学生在趣味性练习过程中掌握田径技能,形成良好的心理品质、道德品质和精神品质,并提高社会交往能力,实现全面发展。在全面发展教育理念下选择对学生身心、道德、精神、社交等多方面全面发展有益的教学内容非常重要。

(三)适宜性与发展性

高校田径授课教师要从学生的身心素质水平、运动能力、学习能力、年龄特征等真实情况出发而选择田径教学内容,与此同时还要考虑学校的教学环境、师资力量等因素,这强调的是内容选择的适宜性、匹配性。例如,对于初级学习水平的学生,适宜选择快速跑、接力跑、跨越式跳高、蹲踞式跳远等较为简单易学的教学内容,并在教学中适当放松要求,以中小强度练习为主。当学生的田径运动水平提高后,可增加三级跳远、障碍跑等动作稍复杂一些的项目。在高校田径运动器材充足的情况下,当学生达到一定的水平后,可传授其跨栏跑、背越式跳高等技术。

第三章 高校田径课程体系的科学设计研究

发展性是指选择的田径教学内容要满足不同学生的需要,区别对待,使学生基本运动能力有所发展和提高。每个大学生的运动能力、身体素质不同,为使所有学生都能够进步与发展,要求授课教师根据学生的特点选择不同内容,采用不同的教学方法手段,安排不同的运动负荷,达到使全体学生受益的目的。

三、不同田径项目活动内容设计参考

高校田径教学中主要开设四类课程,分别是走类项目课程、跑类项目课程、跳类项目课程和投掷类项目课程,此外拓展训练类课程近年来在高校田径教学中也颇受重视。田径教学内容非常丰富,为满足不同学生的需求,在各类课程中也要开设丰富多彩的活动,提高学生参与的积极性。表 3-1 中列出了不同田径项目课程适宜组织的活动内容,为高校田径教学内容设计提供参考。

表 3-1　田径课程教学常见活动项目

田径类项目		活动内容
走类项目活动内容	健康性走步活动	协同走 踏步走 走楼梯 倒退走 快步走 跑台健身走
	走步竞技活动	定距竞走 定时竞走 计时竞走
跑类项目活动内容	健康性跑步活动	耐力跑 50 米×8 往返跑 自然地形跑 人工障碍跑 自然障碍跑 协同跑 背人跑 两人 3 足跑 跑台健身跑 跑跳绳

续表

田径类项目		活动内容
跑类项目活动内容	跑步竞技活动	50/100 米短跑 4×100 米接力跑 50/100/110 米跨栏跑 800/1000/3000 米长跑 越野跑等
跳跃类	健康性跳跃活动	立定跳远 连续跨步跳 连续单足跳 原地抱膝跳 立定三级跳远
	竞技跳跃活动	蹲踞式跳远 挺身式跳远 三级跳远 跨越式跳高 背越式跳高等
投掷类	健身性投掷活动	掷沙包 掷垒球 掷飞盘 推实心球 前抛实心球
	投掷竞技活动	原地背向推铅球 背向滑步推铅球 掷铁饼 掷标枪
拓展训练	心理拓展训练项目	团队协作训练 团队沟通训练 团队融冰训练 团队信任训练 个人、集体挑战训练
	野外生存	徒步穿越 弓箭狩猎
	定向越野	城市定向运动 校园定向运动 户外定向越野

第三节 高校田径教学手段与方法的设计

一、高校田径现代化教学手段设计

现代科技的发展为学校体育教学提供了丰富而先进的教学手段。体育教学中教师有意识地运用电影、摄像、电视等光电设施手段调动学生的视觉、听觉、动觉等感官共同作用于课堂,提高了信息的接收效果,因此获得了良好的教学效果。信息被接收的条件:一是信息本身的可接收性(新颖性、刺激性、有效性);二是学生的学习状态(动机、态度、情绪、兴趣、神经系统的兴奋程度等)。现代化教学手段同时具备这两个条件。在高校田径教学中采用电视、录像演示的动作技术图像,传递色彩鲜明、清晰可见的信息,学生更容易接受。同时,运用现代化视听手段所发出的新异刺激,能够引起学生的探究反射,激发学习的积极性,提高神经系统的兴奋性,最大限度地增加信息的接收量,有利于形成清晰的动作表象。

无论是田径理论课教学,还是技术课教学,都需要学生通过视觉、听觉接收信息,而且在中枢神经系统的指挥下,运用动觉、位觉、触觉来提高感性认识,逐渐上升到理性认识,此外,还要求学生通过本体感觉感知完成动作时的用力大小、动作方向和动作幅度。在动作技能形成阶段,借助摄像机拍摄学生的不定型技术动作,便于学生观察,分析正误,从而激活思维,逐渐形成正确的动作定型。[①]

总之,现代化教学不但可大大提高田径教学效果,而且能够使学生视野更开阔。现代化教学手段是高校田径教学手段改革的主要方向。

[①] 丁英俊,薛留成,夏健松.体育院系田径课程多元化教学手段的整合与改革实验研究[J].河南大学学报(社科版),1998(4):76-79.

二、高校田径常见教学方法

（一）田径教法

1. 语言法

语言法是教师在教学过程中运用各种表达方式的语言进行教学，使学生掌握学习内容和指导学生进行练习的教学方法。教师和学生之间的信息大部分是靠语言传递的。因此，语言法是田径教学中被广泛运用的一种教学方法。在田径教学中运用语言法的主要形式有讲解、口令和指示、口头评定成绩、问答法、默念和自我暗示等。

2. 直观法

直观法是指在田径教学中，借助视觉、听觉、触觉和肌肉本体感觉等感觉器官来感知动作形象、结构、要领、完成方法以及时间与空间等，从而建立正确的动作表象的一种方法。田径教学中常用的直观法主要有：动作示范、教具和模型演示、助力和阻力以及定向和领先等。

3. 练习法

练习法是指学生在教师的启发和指导下，根据教学任务有目的地反复做某一动作的方法。反复练习是掌握、改进动作技术，形成与提高动作技能的基本方法。通过练习，能够促进中枢神经系统和各器官系统机能能力的发展和提高，对增强体质，培养优良品质有重要意义。

4. 游戏法

游戏法是在田径教学中，运用游戏方式组织学生练习的教学方法，它不仅能有效提升学生的智力和体力，提高学生运用知识、技术技能的能力，而且能够培养学生的创新能力和灵活应变的能力。

5. 比赛法

比赛法是指在比赛条件下学习基本技能、技术和进行身体练习的方法，主要特点是竞争性强，能促进学生最大限度地发挥机体能力，有效提升学生的身体素质和技术技能，也能培养学生在复杂多变的竞争条件下合理运用技能的能力。

6. 分组法

分组教学法就是把班上的学生分成几个小组，每组设置一位组长，老师教组长，组长教各组的组员。采用分组教学法，可以培养"小老师"，可以把操作分散消化，可以减轻老师在上课时简单问题的重复辅导量，从而提高教学效率。

（二）田径学法

1. 自学法

自学法是指学生学习田径基础知识，领会、掌握田径动作要领、技术环节的一种方法。它具体包括阅读法、观察法、比较法、讨论法等。采用这些具体方法，可以加深对动作的感知和理解，培养学生认知、观察与分析的能力，为学习田径知识、掌握动作技术奠定良好的基础。

2. 自练法

自练法是以学生自身的独立活动为主，有目的地反复练习的一种方法，它是学生掌握田径技术最基础的实践操作方法。常用的自练法有模仿练习法、适应练习法、反馈练习法、强化练习法等。

3. 合作学习法

合作学习是指学生为了完成共同的任务，有明确的责任分工的互助性学习。合作学习鼓励学生为集体的利益和个人的利益而一起工作，在完成共同任务的过程中实现自己的理想。通过合作学习法的运用，学生不仅能有效提高自身的学习能力，同时还极大地培养了自己与人沟通与交流的能力。

三、高校田径教学方法设计

（一）教法设计

增进学生身心健康和提高学生的社会适应能力是高校田径教学的

重要目标,以这些目标为导向而设计田径教学方法,可参考如下建议。

1. 增进身体健康的田径教法

(1)采用矫正法,通过设计走步教学内容,纠正学生的不良身体姿势。

(2)采用完善法,通过改善性田径锻炼,改善学生体能缺陷。

(3)采用持续锻炼法,通过小强度持续性练习,提高学生的耐力。

(4)采用检查法,通过检查性活动发现学生的问题或进步情况。

(5)采用游戏法,通过田径游戏提高学生的健康体适能。

2. 增进心理健康和社会适应的田径教法

(1)采用宣泄法,通过改变练习环境、条件和方法,使学生发泄能量和不良情绪,减轻心理压力,调整心情。

(2)采用自我暗示法,通过设置音乐使学生心情轻松愉快,改善紧张心理,减轻疲劳。

(3)采用自我比较法,通过对比两个阶段的练习情况,使学生发现自己的进步。

(4)采用转移法,通过刺激转移学生的注意力,使学生消除不良情绪,调节心境。

3. 提高田径竞技能力的方法

(1)重复训练法。在不改变动作结构和运动负荷数据的情况下,按照一定要求反复进行练习,每次(组)练习之间的间歇时间能够使机体基本恢复的方法,就是所谓的重复训练法。运用重复训练法进行练习时,由于练习的目的不同,在练习的数量和强度上也会有一定的差异性。如果将学习和掌握技术作为主要目的,那么在重复练习的数量和强度上就不宜有过多的要求,而在动作技术规格方面严格要求;如果将巩固提高技术作为主要目的,那么不但要严格要求技术的规格,而且也应使练习的数量和强度得到有效的提高。

(2)循环训练法。以训练的具体任务为主要依据,建立若干个练习站(或点),运动员按照规定的顺序、路线,依次完成每站(或点)所规定的练习和要求,周而复始地进行训练的方法,就是所谓的循环训练法。循环训练法主要是用来发展田径项目中的快速收缩能力或爆发力。每站练习的负荷较大(可为本人极限负荷的90%左右),能够提高运动员磷酸原系统的储存和供能能力。短跑、跳跃及投掷项目基本上都采用此方法来发展运动员的爆发力和速度力量。

（3）间歇训练法。在一次或一组练习之后，按照严格规定的间歇时间和积极性休息的方式进行休息，在运动员机体未完全恢复的情况下就进行下一次（组）练习的方法，就是所谓的间歇训练法。在田径训练中，通过不同类型的间歇训练，可使磷酸原与糖酵解混合代谢的供能能力、糖酵解代谢供能能力、有氧代谢供能能力、糖酵解与有氧代谢混合供能能力都得到有效的发展和提高。

（二）学法设计

高校田径教学中，授课教师要对学生的学习方法进行科学设计，指导学生采用适合自己的学习方法去掌握知识，解决疑难问题，提高运动技能水平。适合学生的学习方法有自主学习法、合作学习法、探究学习法。在学法设计中，要重视采用各种学习方法的具体学习步骤，如运用自主学习法的学习步骤为自定目标、自主选择学习内容与学习方式、自主评价以及自我调控。

第四节　高校田径教学模式的设计

一、主动性教学模式设计

（一）模式概述

在田径教学中，学生是教学活动的主体，教学过程是学生主动学习的过程。学生只有积极主动学习，才能通过自己的思考、体验学会交流，学会合作，从而进一步发展自身的社会技能、社会情感以及创造能力。主动性教学模式能够实事求是地、有针对性地发展学生的主体意识，提高学生的学习主动性和自主学习能力。

（二）操作流程设计

主动性教学模式的操作流程设计如图 3-3 所示。

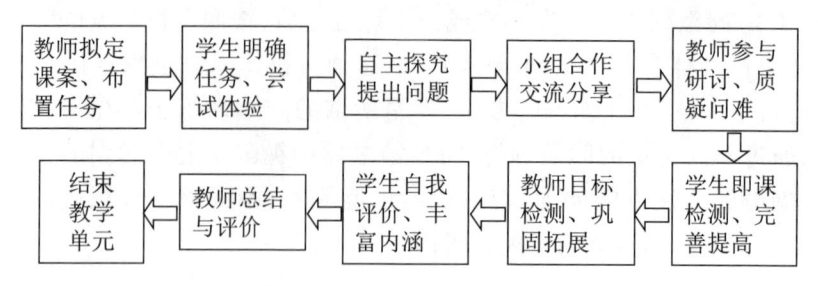

教师拟定课案、布置任务 → 学生明确任务、尝试体验 → 自主探究提出问题 → 小组合作交流分享 → 教师参与研讨、质疑问难 → 学生即课检测、完善提高 → 教师目标检测、巩固拓展 → 学生自我评价、丰富内涵 → 教师总结与评价 → 结束教学单元

图 3-3　主动性教学模式[①]

（三）实践应用

在"蹲踞式跳远"教学中采用主动性教学模式，可以培养学生的学习积极性，操作流程如图 3-4 所示。

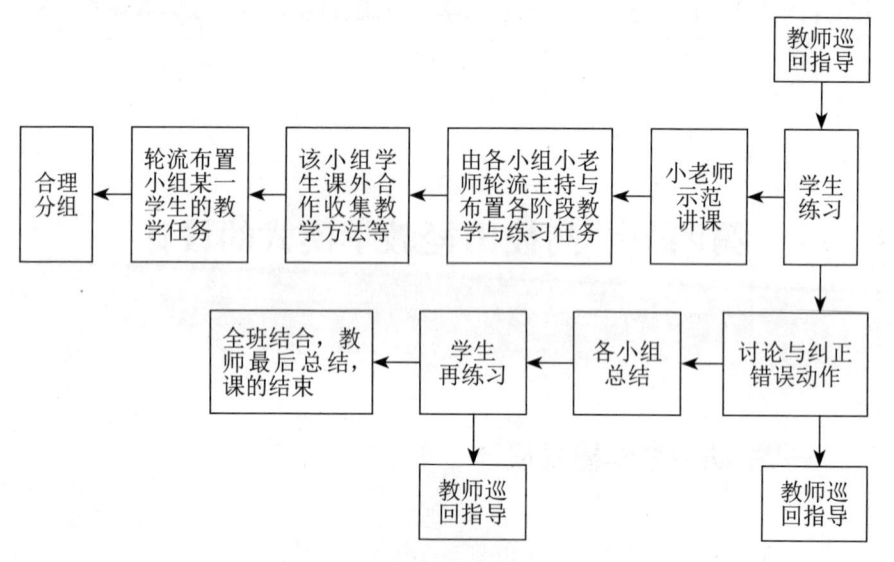

合理分组 → 轮流布置小组某一学生的教学任务 → 该小组学生课外合作收集教学方法等 → 由各小组小老师轮流主持与布置各阶段教学与练习任务 → 小老师示范讲课 → 学生练习 → 教师巡回指导 → 讨论与纠正错误动作 → 教师巡回指导 → 各小组总结 → 学生再练习 → 教师巡回指导 → 全班结合，教师最后总结，课的结束

图 3-4　"蹲踞式跳远"教学流程[②]

[①] 吴烦. 武汉市中小学体育教学模式的选用现状及发展对策研究 [D]. 湖北大学，2016.

[②] 邵伟德. 体育教学模式论 [M]. 北京：北京体育大学出版社，2005：46.

二、成功式教学模式设计

（一）模式概述

成功教学模式是指通过合理手段和组织措施的运用，使每个学生树立个体目标，并且通过自身努力达到预期效果，获得成功感，促进学生身心发展的一种教学模式。成功体育教学模式的主要价值在于有效提高学生学习的自尊心和自信心，使学生通过自身的努力，获得自我满足感，进而实现身心全面发展。

（二）操作流程设计

成功式教学模式的操作流程设计如图 3-5 所示。

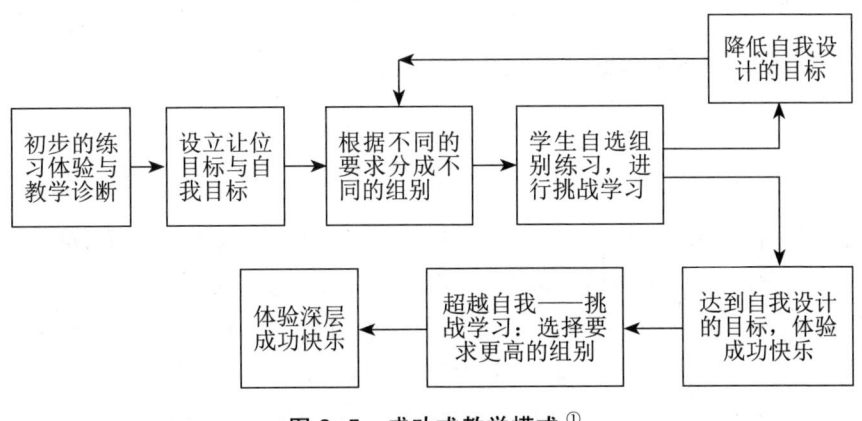

图 3-5　成功式教学模式[①]

（三）实践应用

在跨栏跑教学中运用成功式教学模式可获得良好的教学效果，操作流程如图 3-6 所示。

[①] 吴烦.武汉市中小学体育教学模式的选用现状及发展对策研究[D].湖北大学，2016.

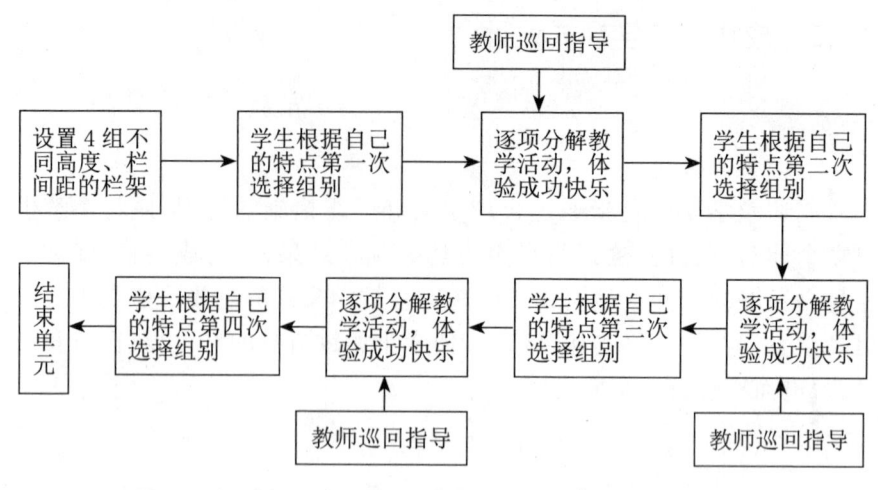

```
设置4组不    学生根据自己            逐项分解教     学生根据自己
同高度、栏 →  的特点第一次    →    学活动，体  →   的特点第二次
间距的栏架    选择组别              验成功快乐      选择组别
```

图 3-6　跨栏跑教学流程[①]

三、项目驱动教学模式设计

（一）模式概述

项目驱动教学模式是基于建构主义理论基础而构建的"行为引导式的教学形式"，是师生选取某一实践性和操作性较强的知识和技能作为完整实际项目内容，在教学过程中将项目分为衔接递进关系的各个子项目，以教师为主导、以学生为学习主体、以项目内容为核心载体、以培养学生自主学习和探究能力为目标，利用情境教学进行知识建构的一种教学模式。这种教学模式强调项目的现场性、知识的综合性和学生综合能力培养，在该模式中，学生从被动接受知识转为主动获取知识，充分发挥想象力、执行力，运用所学技能、知识独立完成或在团队中协同完成学习任务。[②]

[①] 邵伟德. 体育教学模式论 [M]. 北京：北京体育大学出版社，2005：56.
[②] 曾晓梅. 项目驱动教学模式在田径技术教学中的实践研究 [D]. 江西师范大学，2015.

（二）操作流程设计

1. 选择项目

这是项目驱动教学模式的核心环节。师生以已经确定的教学目标、方案为依据，围绕项目这条主线而完成总项目设置及项目分解工作，每个子项目代表不同的知识模块，各个项目中都融入了要学习的内容。不管是总项目还是子项目，是预习项目还是复习项目，都可以对学习项目进行设置。在课程实施的不同阶段也都可以设置学习项目。师生选择项目要重点选择具有可行性、实用性以及趣味性的项目。

2. 设置问题情境

设置项目后，为了使学生对项目的理解与体会更深刻，师生可协同完成对学习情境的创设。例如，在跳高项目的教学中，如果学生对过杆动作不熟悉，教师可向学生播放跳高的比赛视频，或出示跳高过杆的素材图，在这个过程中提出问题，启发学生思考，并将学生分为若干学习小组，使小组成员相互讨论，合作探索问题的答案，以培养学生的思维能力、学习兴趣以及合作能力。

3. 探索与引导

在项目驱动教学中，教师负责引导，学生清楚项目任务后自主思考并探索，在学生自主学习和探索中，教师给予帮助和指导，并伺机提示，使学生完成对不同子项目知识框架及完整项目知识结构的构建。教师要监控好学生的学习过程，对学生给予必要的引导和有意义的指导，使学生建构的知识框架更有效。

4. 团队协作，修正项目

采用项目驱动教学模式，要注重引导学生进行小组协作，强调师生互动和学生之间的交流。例如，三四名学生为一组，各小组依据学习方案进行合作学习，在学习过程中共同讨论和分析问题，协同解决问题。

5. 多元评价

在项目驱动教学的最后，要采用多元化手段来评价学生的学习情况，要注重学生的自我评价与学生之间的互评，通过评价来肯定与激励学生,并解决学生的学习问题。在多元化评价中,学生设计项目的能力、在项目实施过程中的行为表现以及最终取得的项目成果是主要评价内容。

(三)实践应用

项目驱动教学模式在掷标枪技术教学中的运用流程如图 3-7 所示。

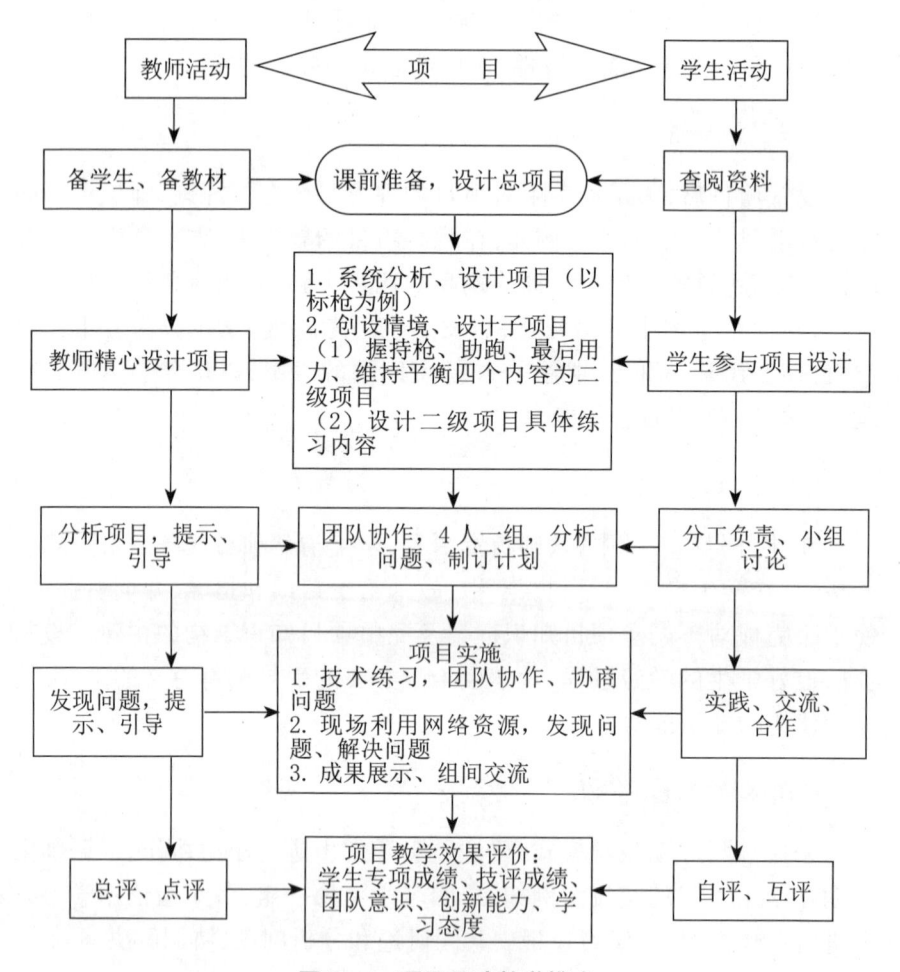

图 3-7　项目驱动教学模式

四、BOPPPS 教学模式设计

（一）模式概述

BOPPPS 教学模式源于 ISW（加拿大教师技能培训作坊），最初由温哥华大学 Douglas Kerr 团队于 1976 年创建，是一种以教学目标导向、以学生为中心的教学模式。它由导言(Bridge-in)、学习目标(Objective/Outcome)、前测(Pre-assessment)、参与式学习(Participatory Learning)、后测(Post-assessment)和总结(Summary)六个教学环节构成。在 BOPPPS 教学模式中的特点有三个：一是更加清晰直接的学习目标；二是学生转变为课堂的中心，成为主动角色，更加强调学生参与课堂的过程；三是注重教学反思。

（二）操作流程设计

设计线上线下相结合的高校田径课堂 BOPPPS 教学模式，合理安排 BOPPPS 教学模式的每个环节的实际教学活动。

导入环节：借助线上教学平台在课前完成导入历史事件、赛事故事、关键技术、教学案例分析等，充分激发学生对课堂内容的兴趣。

学习目标环节：课前在线上教学平台发布本次课的尽可能量化的学习目标，通过目标设置给学生形成很强烈的激励，达成良好的课堂效果，同时让学生课程结束之后可以根据本节课的学习目标进行学习效果的自我评价和互评。

前测环节：学生课前完成超星平台上的基本理论知识的答题或在平台上发布某项运动技能的教法口试视频和技能展示视频等，通过学生的答题和发布的视频检验学生对以往所学内容和即将学习的内容的认知程度，检验学生的实际学习情况，可以为目标设置和课堂教学调整提供参照。

参与式学习环节：教学设计以问题为导向，采用小组讨论学习、情景再现学习、合作学习及任务驱动角色担当学习等学习手段让学生真正参与到运动中来，发挥教师的引导作用，强调在具体的学习情境中通过亲身体验来学习，并分享经验。此环节特别强调学生对所学知识、技能的运用，提倡竞赛和展示，当然教师在此环节也要注意观察学生的反应和兴趣点，以便优化后面的课程设计。

后测环节：主要以测验的手段对学生本次课学习掌握情况进行检测，目的在于了解学生的学习情况以促进教学方面的改进，采用课堂提问的形式和课后线上书面测试、小组讨论展现等形式完成。

总结环节：教师对学习内容和效果进行归纳总结，为完善田径课程下一课堂教学提供反馈信息。

（三）实践应用

BOPPPS 教学模式在高校田径教学中的运用流程如图 3-8 所示。

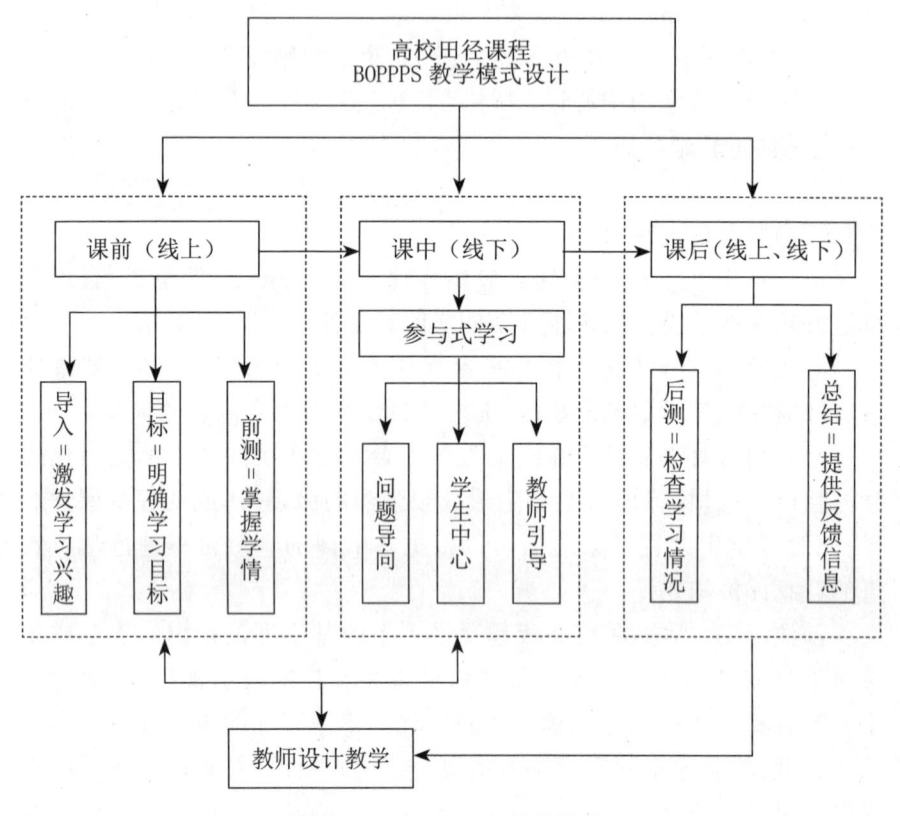

图 3-8 BOPPPS 教学模式

第五节 高校田径教学评价手段的设计

一、高校田径教学评价的常见方法与手段

高校田径教学评价的内容及常见方法与手段见表3-2。

表3-2 田径教学评价内容、方法与手段

评价类型	评价内容	评价方法	评价手段
教师对学生的激励性评价	学生的学习目标	批评 表扬 激发 抑制	口头指示
	学生的参与程度		眼神
	学生的拼搏精神		手势
	学生的学习效果		技能小测验
			问卷调查等
学生自我评价	个人学习目标	自评 自省 自我暗示 自我反馈	学习卡片
	个人参与程度		回顾目标
	个人拼搏精神		对比前后成绩
	个人学习效果		行为检点
学生互评	同学的学习目标	互评 互议	观察
	同学的参与程度		课中讨论
	同学的拼搏精神		学习卡片互动
	同学的学习效果		
学生对教学过程的评价	教学内容	反馈 评课 要求 建议	学习卡片对话
	教学过程的设计		课中提问和反馈
	教学方法		意见表
	教师的教学态度		

续表

评价类型	评价内容	评价方法	评价手段
教师自我评价	个人教学思想	自评 自我总结 自省	回顾目标
	教材化		阅览学习卡片
	个人个性化教学		学生前后变化对比
	个人教学方法		听取学生意见
	个人教学效果		
教师互评	同事的教学思想	互评 互议	日常教学观摩
	教材化		评优活动
	同事的个性化的教学		教研活动
	同事的教学方法		说课活动
	同事的教学效果		评议
			教学总结

二、高校田径教学评价方法与手段设计的新思考

在高校田径教学方法与手段的设计中，要着重考虑各个评价要素，具体分析如下。

（一）评价主体

高校田径教学评价的主体不仅包括田径授课教师、田径运动专家以及高校领导，还应该包括学生，要发挥学生作为评价主体的能动性，提高学生的评价能力，使学生通过自评来不断提高学习效率。

（二）评价时间

在高校田径教学评价中，可以定期评价教师的教学情况和学生的学习成果，也可以随机进行灵活性评价，随机评价的优势在于不易掩盖问题，容易及时发现问题，这样教学评价的诊断功能就能得到充分发挥。在随机评价中，要像定期评价那样端正好态度，不能马虎应付，否则这样的评价毫无意义，只是徒劳。

第三章 高校田径课程体系的科学设计研究

（三）评价方式

在体育教学中，过程评价有着非常广泛的适用范围，这一评价方式主要是在体育教学过程中对学生接受情况、时间、费用等的总结性评价中进行。通过这一评价方式能得出相对客观的评价结果。

结果评价主要是指对体育教学活动实施后的效果评价。这一评价方式能充分发挥完成总结性评价的功能，能对学生的最终学习情况做出一个大体的评价。但是这一评价方式比较片面，不能很好地反映学生的具体实际，需要结合过程评价使用。

诊断性评价方式在高校田径教学评价中运用比较多，这也是师生比较容易接受的一种评价方式，采用这种评价方式有助于发现田径教学问题，以根据评价结果而调整与完善教学方案。

另外，必要的时候也要采取鉴定性评价方式，以进行性质鉴定。如果采用鉴定性评价方式，就要秉着公正、权威的原则而有序开展评价工作，组织一定要周密，尤其要注重细节。

单项评价与综合评价也是非常重要的田径教学评价方式。前者集中评价某一教学问题，评价的是比较细致的内容，操作较为容易，更有针对性；后者涵盖的评价内容比较多，能够将田径教学的总体情况反映出来，但是这种评价需要多名评价人员参与工作，操作起来较为复杂，要完成大量的工作，因此相对于单项评价，综合评价运用较少。

（四）评价组织

田径教学评价不仅是教师评价学生、学生评价教师，还包括学校、院系组织和教研室对整体教与学情况的评价，这是比较宏观的评价，采用宏观评价方式，要特别重视对这一评价工程的组织与管理的优化。

（五）评价操作

能够量化的则进行量化评价，能够定性的则进行定性化评价，但不要对不易定性或量化的对象而勉强定性或强制量化，否则会影响评价结果的客观性、准确性。

第四章　高校田径教学的科学原理与指导

高校田径教学的开展是需要在一定的理论基础上才能进行的,这里所说的理论基础包含的内容较为广泛,科学且有深度的理论知识是高校田径教学活动开展必备的基石。一般的,体育教学课的开展包含理论和实践两个部分,其中,实践是在理论的指导下进行的,这就反映出了理论基础的重要性。本章主要对高校田径教学的科学理念、基本原则以及教学课的组织与实施进行分析和阐述,由此,能够对高校田径教学的科学原理有所了解,并对其教学实践的开展提供科学的指导。

第一节　高校田径教学的科学理念

一、"健康第一"理念

（一）"健康第一"理念的提出

1950年，毛泽东首次提出"健康第一"的理念，这一理念的提出，主要目的在于改变当时学生负担太重、健康水平日益下降的现状，他指出："各校要注意健康第一、学习第二。"[①]

发展到20世纪90年代，"健康第一"理念主要是对"素质教育"的诉求，可以将其理解为一种多样化和复合型的新型的体育教育理念，"以学生为本"是体育教育在这一理念上的重要体现。

从21世纪开始，我国对学生在体育教学中的健康全面发展的重视程度不断提升。[②]

目前，我国学校体育将"健身育人"作为主要教育理念。只有将"健身"与"育人"相结合，才能将学校体育的教育本质凸显出来，才能使学校体育与学校其他课程一同系统地、全面地实现学校教育"健康第一"的目标。[③]

（二）"健康第一"理念的特点

（1）学校教育将促进学生的健康成长作为首要目标，"健康第一"理念也认为学生的身心健康的重要性要高于考试升学。

（2）真正意义上健康，是身体健康与心理健康的统一，而"健康第一"则是学生身心健康和谐发展的统一。

---

① 康娜娜.新中国成立以后我国学校体育思想的嬗变及其发展研究[D].中国矿业大学，2014.

② 陈玉忠.关于我国青少年体质健康问题的若干社会学思考[J].中国体育科技，2007，11（10）.

③ 辛利，刘娟.对学校体育"健康第一"指导思想的思考[J].体育学刊，2013（5）.

（3）所有教育的开始都源于健康的身体。因此，这就要求学校对学生的教育应该包含德育、智育、体育等各方面。

(三)"健康第一"理念在高校田径教学中的应用

在高校田径教学中严格贯彻"健康第一"的理念，将它贯穿于高校田径教学工作的始终，让学生拥有健康的体魄，为终身教育奠定基础。

1. 提高教师的综合素质

随着体育事业和教育事业的不断发展，高校体育教学对教师提出了更高的要求，这也适用于高校田径教学。对于高校田径教师来说，其要具备多元化的专业知识和能力，比如，要掌握科学和人文两方面的基本知识，以及扎实的田径运动方面的基本功。除此之外，其还要树立终身学习的思想，积累实际的教学经验，积极参与体育科研，具备对田径教学的监控能力等。

2. 在高校田径教学过程中加强体育、卫生、美育的有机结合

学生参与到高校田径教学活动中，从事田径相关的运动锻炼，不仅要重视营养的补充，还要养成讲卫生的好习惯，这就需要将身体锻炼与卫生保健结合起来。另外，在高校田径教学过程中，学校应做好营养、卫生保健相关知识的宣传工作。

3. 培养学生的健康意识和行为

高校田径教学并不是一个独立的事件，其需要与学生的生活实践有机结合起来进行，在这一过程中，对学生自觉的健康意识和健康行为进行积极培养，并且做好知识到行动的顺利转化。

4. 不断提高学生参与田径运动的能力

在高校田径教学过程中，要有效传递健康知识和锻炼方法，田径运动各个项目的开展要和社会体育资源相结合，从而使学生参与田径运动的相关能力得到有效提升。

二、"以人为本"理念

(一)"以人为本"理念的内涵

"以人为本"的理念主要是指,在高校田径教学过程中,要做到以学生为本,促进学生健康、全面发展。"以人为本"的教育理念在体育教学中的贯彻与落实对新时期我国实施科教兴国战略以及实现民族复兴具有重要的意义。

(二)"以人为本"理念在高校田径教学中的应用

1.以学生为本

包括高校田径教学在内的体育教育教学,将学生的身心全面发展作为根本目的,为此,需要从以下几个方面着手。

(1)尊重学生

对于高校田径教师来说,其要从自身出发,树立以学生为中心的教育理念,遵循学生身心发展的特点和规律来开展高校田径教学活动。在高校田径教学过程中,要尊重学生的个性特点,做好区别对待。

(2)宽容学生

高校田径教学的开展目的之一,是促进学生健康成长,这也是教师教学活动的主要目的。为了实现这一目标,教师要特别关注学习有困难的学生。学生之间有一定的差异,每个学生都有自己的特点和优势,教师要承认这种差异,多赞美学生的优势,宽容学生的不足。

(3)丰富教学形式

现代高校田径教学,能够为教师和学生提供共同探讨问题的场所,在这个场所中,可以采取多种多样的形式来开展教学,这也一定程度上将对以人为本理念的贯彻进行了体现,对于将学生内心的需要激发出来,促进学生的进步是有利的。

(4)建构和谐师生关系

在高校田径教学过程中,教师要善于采用鼓励性的话语来激励学生,安抚学生。由此,能够给学生带来莫大的安慰与动力,可以使学生变得更勇敢、更自信,同时,这对于良好的高校田径教学效果的取得也是有利的。

2. 以教师为本

教师在教育教学过程中是处于主导地位的,教师的教和学生的学共同组成教学活动,因此,其也是教学活动的重要主体。在高校田径教学过程中,也要做到以教师为本这一要求。

(1)为高校田径教师营造宽松的工作环境和良好的工作氛围,合理规定教师的工作量,并对其进行教学评估,对表现优秀者予以奖励。

(2)关注高校田径教师的发展,在管理方面应该具有人性化,使他们自觉履行义务,承担教学、科研、育人责任。

(3)充分尊重和信任高校田径教师,不要制定过多的规则、制度来限制他们的自由,约束他们的行为。

三、素质教育理念

(一)素质教育的含义

素质教育的含义有广义和狭义之分。

广义上的素质教育,是指所有的教育,主要是由于任何形式的教育都会使受教育者某些方面的素质得到提高。

狭义上的素质教育,是针对"应试教育"中"重知识、重分数、轻能力"的弊端而提出的一种教育理念和教育模式。具体来说,它是一种重潜能开发、心理品质培养和社会文化素养训练相结合的整体性教育,与全面素质教育之间是有着一定的一致性的,寻求一种更科学的教育途径以实现人的素质全面发展是其主要目的所在。

(二)素质教育的基本特征

1. 素质教育的主体性

素质教育的主体性,要求教育的实施要尊重和发展学生的主体意识和主动精神,培养和形成学生的健全个性。具体来说,在素质教育过程中,要充分认识到学生是素质的承担者、体现者,离开学生主体性谈素质教育是空谈,没有学生参与的素质教育没有任何意义。因此,这就要求一定要尊重学生的主体地位,发挥学生的主体作用,调动学生主体的积极性,让学生在主动学习中得到发展。

2. 素质教育的全面性

素质教育的全面性,一方面,要求所有学生的素质都得到发展,即学生素质的全面性;另一方面,则要求每名学生各个方面的素质都得到发展,即学生的全面性。

3. 素质教育的基础性

素质教育的基础性主要从两个方面得到体现。一方面,学生的素质是做人的基础。学生上学校读书的主要目的就是学习做人,它包括做什么样的人和怎样做人。另一方面,个人的素质是整个民族素质的基础。基础教育则是提高民族素质的奠基工程。

4. 素质教育的差异性

素质教育具有全面性特点,与此相适应的,是素质教育的差异性。对于受教育的学生来说,他们存在着显著的个体差异性,这种差异性可能是先天遗传方面的,也可能是后天发展方面的。可以说,每个人的发展方向、发展速度乃至于最终能达到的发展水平都是不同的。这种差异决定了教育工作不能要求有差异的受教育者个体达到绝对统一的教育目标,而应当使每名受教育者能在自己原有的基础上得到发展,承认个体发展的差异性,重视个人素质的提高。[1]

5. 素质教育的终身性

素质教育的终身性特征意味着作为终身教育体系基础的学校教育。素质教育的终身性所包含的内容是非常广泛的,比如,教育时间的终身性、教育空间的社会性、教育过程的发展等都属于这一范畴。

---

[1] 张丽蓉,刘洪伟,王永祥. 体育教学的价值回归探索[M]. 北京:中国纺织出版社,2017:27.

第二节　高校田径教学的基本原则

一、学生的主体性原则

(一)学生主体性原则的体现

在高校田径教学过程中,学生是处于主体性地位的,因此,学生的主体性原则是高校田径教学的首要基本原则。因此,这就要求教师在田径教学过程中,不管是选择教学内容还是安排教学负荷、教学方法,都要遵循这一原则。与此同时,学生主体性原则的提出,还与素质教育的要求、教学规律的反映以及田径课程改革的需求相适应。

(二)学生主体性原则的贯彻

在高校田径教学过程中贯彻实施学生主体性原则,有些事项和要求需要加以注意,具体有以下几点。

(1)高校田径教师要从自身出发,同时带动学生,积极转变传统的教学观念,树立以学生为主体的教学观。

(2)要对高校田径教学活动开展前的准备活动以及相关设计加以重视,积极引导学生参与到田径教学中,并且要在教学过程中引导他们进行积极创新。

(3)高校田径教师要将其主导作用充分发挥出来,积极启发引导学生学会学习,并在这一过程中学会解决问题,掌握田径学习的方法。

二、直观启发原则

(一)直观启发原则的体现

直观启发原则,就是指在高校田径教学过程中,教师借助于各种有启发价值的、多样化的直观手段,以达到使学生产生清晰的运动表象,进而提高学生分析、概括等综合思维能力水平目的的重要原则。

第四章 高校田径教学的科学原理与指导

通常,在高校田径教学过程中,用到的直观手段主要有动作示范、人体模型、教具、多媒体等,这些手段对于促使学生形成视觉、听觉等多器官共同感觉都有着非常显著的作用。

（二）直观启发原则的贯彻

在高校田径教学过程中贯彻实施直观启发教学原则,为保证良好的应用效果,有以下几点事项和要求需要加以注意。

（1）高校田径教师首先要保证自身技能的完善性,并且掌握丰富且熟练的技术示范技能,要将其教学技能淋漓尽致地发挥出来。

（2）要做好优秀学生骨干的培养工作。一般的,高校田径教学中,体育教师通常是一对几十个学生进行教学,这就无法保证一对一的教学,为了保证教学质量,需要培养一些优秀学生骨干,将他们的示范和带动作用充分发挥出来,协助体育教师做好直观教学,并保证良好教学效果。

（3）在直观手段的应用上保证灵活性和多样性。应用于高校田径教学的直观教学手段应该是多种多样的,包括各类器械、标志线、标志物、保护与帮助等,同时,这些直观教学手段的应用要灵活,切忌死板教条。

（4）直观教学要将其启发性特点充分体现出来。直观教学的终极目标是让学生掌握运动技能,但是,这一目的的实现是要经历一定的过程的,这一过程中需要将学生的主观能动性激发出来,使他们能够积极参与到田径学习中。

三、身心全面发展原则

（一）身心全面发展原则的体现

高校田径教学,作为体育教学的一个方面,其对学生身体健康的促进作用毋庸置疑,但是,高校田径教学的作用远不止于此,其还在心理学、美学和社会学等方面有重要价值,主要表现为提高学生智力、心理素质、美育（感）和能力等多方面的发展,这与社会主义现代化建设人才的要求相符,同时,也满足了社会主义体育教学目的性、学生发展等需要。

（二）身心全面发展原则的贯彻

在高校田径教学过程中贯彻实施身心全面发展原则，需要做到以下几点要求。

（1）首先要将现代体育教学价值观念树立起来。作为现代体育教学的重要内容，高校田径教学也具有显著的生物学、心理学、教育学、社会学及美学等方面的价值。现代体育教学价值观的树立，能够作为重要指标来对高校田径教学质量进衡量和评价。

（2）高校田径教学的开展离不开科学的教学计划，因此，这就要求在制定高校田径教学计划时，要将学生的身心全面发展作为考量的重要因素。

（3）在高校田径教学过程中，教师要对学生的心理有所分析和了解，并且在教学过程中要积极促进学生主动学习的意愿，使学生能够进行快乐的田径学习。

（4）在高校田径教学的准备、实施、复习、评价等各个阶段中，都要围绕着学生的全面发展来进行，并且在制定教学任务、选择教学内容和运用各种教学手段和方法等方面也要遵循这一原则。

（5）在高校田径教学评价过程中，要研究与确定学生身体健康方面的评价指标、运动技能方面的评价指标，同时还要注意其体育学习态度、人格形成等方面的评价指标，从而保证学生身心发展的全面性。

四、循序渐进原则

（一）循序渐进原则的体现

在高校田径教学过程中，要系统安排田径相关的教学目标、教学内容、教学方法、教学手段等，同时，还要保证其整体性和连贯性，还要与高校学生的基本情况相符，能够将学生的差异性体现出来，这就是所谓的循序渐进原则。

高校田径教学必须遵循循序渐进原则，这是由人体发展规律和事物发展规律所决定的，具体来说，就是要做到由易到难、由简到繁，逐渐深入、逐步深化。由此，来保证高校学生的田径知识、田径专项技能等都得到稳步发展和提升。

（二）循序渐进原则的贯彻

在高校田径教学中贯彻循序渐进原则,需要注意以下几点事项和要求。

（1）在对高校学生身心发展的规律和特点的了解方面要做到循序渐进。学生是高校田径教学的主体,对于高校田径教师来说,其要做到在深入且全面地分析学生的身心发展特点的基础上来开展田径教学活动。

（2）认真钻研教材,对高校田径教材的内外部系统性有充分掌握。高校田径教师教学活动的开展,是借助于教材这一中介来实现与学生的沟通的。因此,认真钻研教材是有助于高校田径教学活动开展的。

（3）要设计出有层次性和连贯性的教学过程。高校田径教学活动,本身是一个持续时间较长的过程,这就要求高校田径教师要参照学生的实际情况和特点来做相关的教学设计。具体的田径教学安排要做到由简到繁、由易到难、由一般到特殊,与高校田径教学的正确规律和循序渐进的要求相符。

五、区别对待原则

（一）区别对待原则的体现

在高校田径教学过程中,每个学生的特点和实际情况都是不同的,这就赋予了其个体差异性,鉴于此,就需要以学生的生理和心理特征、学习能力与成效为依据,来分别实施不同的教学,从而使每个学生都能得到相应的提高与发展,这就是所谓的区别对待原则。

（二）区别对待原则的贯彻

在高校田径教学过程中贯彻实施区别对待教学原则,需要对以下几个方面的事项和要求加以注意。

（1）首先要对每个学生的身心特点进行充分的了解。对于高校学生来说,他们的差异性主要体现在身体和心理上,此外,在性别上、不同学生的身体基础、学前运动技术基础等方面也有所差别。

（2）要正确看待和引导学生正确对待个体上的差异。从学生自身的角度来看,他们之间的运动天赋是有所差别的,同时,对田径运动的理解也不同，在高校田径教学过程中要承认个体差异性。同时，对于高校田径教师来说，其要首先了解个体差异性的存在，其次还需要向学生讲解个体差异的存在，并引导学生对这些差异性要区别对待。除此之外，田径教师还要通过积极的引导，告诉学生用发展的观点来看待个体间的差异，引导学生要互相学习、互相评价等。

（3）给予特殊学生特殊指导。在高校田径教学过程中，通常都会存在着一些特殊的学生，比如技术水平较差、身体素质较差或者有身体缺陷的学生等。这就要求田径教师在高校田径教学过程中对这些特殊学生给予特殊的照顾和指导，提出改进意见，使他们达到教学要求。需要强调的是，我们的教学是面向全体学生的，并不是个别化的教学，做到对特殊学生特殊指导才真正符合教学的科学理念。

（4）要通过各种教学组织形式创造个体差异性的条件。在高校田径教学过程中，田径教师为了遵循个体差异性的原则，在采用教学组织形式上要具有多样性和综合型，这样才能使不同个体的差异性需求都得到体现和满足。比如，对于身体条件和田径专项技能都好的学生来说，也要为他们进一步发展创造条件，提出更高的要求。

（5）要依教材的性质、具体教学条件、季节气候等来做好教学内容的安排。尽管所选择的教学内容是相同的，但是，由于高校田径教师本身也存在差异性特点，因此，其在结合不同学生而施以不同的方法与教学要求方面也是有所差别的。除此以外，高校田径教师还要将地区、季节气候的不同特点也作为考虑的因素。

（6）要把个体差异性与统一要求结合起来。个体差异性是在总体的基础上体现出来的，因此，要将区别对待与统一要求结合起来进行，才能保证全面性。具体来说，统一要求是面向多数学生，而个体差异性是面向全体学生；统一要求是客观标准，而个体差异性是主观评价标准；统一要求与学籍管理有关，而个体差异性与学习自觉性有关。但是无论怎样讲，统一要求和个体差异性都是高校田径教学的目标和手段，两者不可偏废。①

---

① 毛振明.体育教学论[M].北京：高等教育出版社，2005：46.

六、精讲多练原则

（一）精讲多练原则的体现

精讲多练,是高校田径教学要遵循的基本原则,其具有一定的特殊性。

所谓的"精讲",就是要求高校田径教师首先要对学生有充分了解,并且能够吃透高校相关的田径教材,然后,用精练的语言和相对少的时间把教材的主要内容、特点、动作技术要领和技能传授给学生。

"多练",则是指学生在高校田径教师的指导下,利用各种机会与时间更多地参与到田径教学的相关习练中去。

由此可见,精讲多练要求既重视讲的作用,又保证练的需要,要会将讲和练的作用充分结合起来,将师生双方面的积极性充分发挥出来。

（二）精讲多练原则的贯彻

在高校田径教学过程中遵循精讲多练原则。需要对以下几个方面的事项和要求加以注意。

1. "精讲"的要求

（1）"精讲"要求教学内容精要

在高校田径教学中,教师的讲解不可或缺,要求其讲解语言必须紧扣教学的目的与要求,要能够将田径教学的重点与难点突出出来,做到少而精,不能偏离教学目标。一般的,经验丰富的"老教师"这方面往往做得比较好。

（2）选择并运用恰当的"精讲"方法

在高校田径教学过程中,教师的讲解要体现教学要求,同时还要与学生的实际水平相符。具体来说,就是要求有针对性地根据教材内容进行讲解;要针对学生的特点而选择不同的教学方法。

（3）要采用精炼的语言进行"精讲"

教师在高校田径教学过程中,要做到明白生动地讲解,将学生的思维与想象力有效激发出来。对于高校田径教师来说,在语言的把控上难度是比较大的,因此,要特别注意运用各种语言技巧实现教学目标。

2."多练"的要求

（1）要采用多种多样的"多练"方式

对于高校田径教师来说，要采用多种多样的方式来让学生进行田径运动习练，是让学生达到掌握田径运动技能目标实现的主要途径。多种多样的练习方式的侧重点和适用范围是不同的，这就要求在选择和运用过程中一定要做到区别对待。

（2）"多练"与动脑有机结合

学生在高校田径教学过程中进行练习，每一次练习的条件、时机、方式等都可能有所不同，这就需要学生要多动脑，对每次练习的情况加以分析，学会思维和总结，通过这种方式来提高每一次练习的效果。

（3）在教师指导下"多练"

学生在高校田径教学过程中不仅自身要主动动脑思考学习，还要主动借助于教师的点拨与指导。教师的点拨在高校田径教学中能够为学生更快地"上道"提供必要的帮助，从而达到用更短的时间掌握技术动作，并达到很好的学习效果的目的。

七、适宜负荷原则

（一）适宜负荷原则的体现

不管进行什么样的运动锻炼，都需要确定适宜的负荷。在高校田径教学过程中，也会不可避免地进行田径运动锻炼，因此，安排适宜的负荷是非常重要的原则之一。所谓的适宜负荷原则，就是指在高校田径教学过程中，以学生的自身特点为主要依据合理安排学生的生理和心理负荷，并使合理交替进行练习和休息，从而达到增进学生身心健康的目的。

对于高校学生来说，他们在生长发育的每个阶段自身的生理机能都有相对的负荷极限，因此学生在田径运动练习过程中如果其生理负荷和心理负荷超越了极限，就会对机体造成一定的伤害。但是，如果练习的负荷过小，其所产生的刺激量不足，就会导致学生的身体机能不会出现反应和变化，则不能达到发展体能的效果。由此可见，适宜负荷对于高校田径教学活动的开展以及教学效果的取得是至关重要的。

第四章　高校田径教学的科学原理与指导

（二）适宜负荷原则的贯彻

在高校田径教学过程中贯彻实施适宜负荷原则，需要对以下几点事项和要求加以注意，从而保证理想的教学效果。

（1）要对运动负荷与学生身心发展的相关原理进行研究与掌握

高校田径教师在教学过程中首先要认真学习并掌握田径相关的生理学、心理学等基本理论知识与原理，并在进行教学实践时深刻体会与运用，从而更好地促进学生身心健康发展。

（2）所安排的运动负荷要与学生身体状况与需要相适应

学生是高校田径教学的对象，因此，所安排的运动负荷就是针对学生而言的。身体运动负荷的科学性不仅能够将学生的身体发展性体现出来，同时，也将对学生身体的无伤害性体现了出来，而这些都取决于学生的身体发展情况。

（3）高校田径教学计划中要保证运动负荷的合理性

教师在制订各种高校田径运动的教学计划时，一定要综合考虑运动负荷与量。具体来说，应该考虑的因素主要包括：学生的身体特点；教学的季节性特点；教材单元教学的特点；季节、场地、器材、教材等。

（4）运动负荷的安排要因人而异

高校学生之间存在着必然的身体状况共性与个性的关系，这就要求高校田径教师一定要在思虑周全的基础上再确定适宜的运动负荷。一般的，从学生的整体情况来看，在整体趋同性的基础上，还要关注一些学生的特殊情况，要把整体要求和区别对待结合起来。

（5）参照适应性规律来对运动负荷进行适当调整

对于高校田径教学的学生来说，其运动负荷不可能始终停留在某个水平上，运动负荷的需求应该是不断提高的。因此，这就要求高校田径教师在各类教学计划的制订和具体安排时，要注意安排合理的运动负荷，同时要关注运动负荷在各个时期的节奏，对学生的机体产生足够的刺激，从而取得理想的教学效果。

（6）逐步提高学生自我控制运动负荷的能力

高校田径教学，尽管将学生的田径运动练习作为关注的重点，但也并不意味着就可以忽略田径理论方面的知识传授。理论性教学往往能够为学生奠定良好的田径理论基础，为更好地参与到田径运动练习中有着重要的指导意义。为此，教师在高校田径教学过程中要加强运动负荷以及运动处方等有关知识的教育，教会学生一些自我判断运动负荷和调整运动负荷的常识,以便他们在自主性的运动中能够把握好自身的运动负荷,并逐步学会锻炼身体的方法。

八、安全性原则

（一）安全性原则的体现

所谓的安全性原则,就是指在任何内容和形式的高校田径教学中都要首先保证学生的绝对安全。通过进一步拓展延伸,安全性原则还涉及高校田径教学的内容,学生参与田径运动的相关安全知识和简单的运动伤病防治等教育内容都属于这一范畴。

（二）安全性原则的贯彻

在高校田径教学过程中贯彻实施安全性原则,需要对以下几个事项和要求加以注意。

1. 树立"健康第一""安全第一"的教学理念

高校田径教学的安全始终是学校体育建设过程中必须要重视的大问题,安全问题已经成为普遍关注的重要问题。但是,包含高校田径教学在内的体育教学的安全事故仍时有发生,这就要求在高校田径教学过程中一定要做好各种安全预防工作,贯彻"安全第一"的教学理念,把学生的安全问题、健康问题作为高校田径教学工作的重点来抓。

2. 对高校田径教学中可能出现的各种隐患考虑周密并作相应预案

对于教龄较长的高校田径教师来说,长期的高校田径教学已经为他们积攒了足够多的经验和惨痛的教训。将这些内容加以汇总和归纳,并对可能发生的危险做出相应的预案,如此便可以在事故发生的第一时间从容淡定地做出正确的处理办法。为保证高校田径教学的安全性,教师从课程最开始的设计上就要有充分的考虑。首先保证合理、无风险,或风险在可控范围之内。

3. 重视对学生进行安全运动的教育

在高校田径教学过程中,教师和学生都是重要的主体。因此,关于高校田径教学的安全性,也是需要教师和学生共同努力才能实现的。首先,高校田径教师要对教学的安全性有全面且严谨的重视和考量;对于学生来说,则要建立良好的自身安全意识。

4.要保证高校田径教学制度与设备的安全性

高校田径教学中的很多内容都是需要借助相关的器械设备才能完成的。因此,这就要求对于一些对安全等级要求很高的器械要制定严格的安全制度,根据学生实际情况适当限制某些运动危险部分的教学内容和教学手段。除此之外,还要对那些比较容易发生危险的体育设施要安装必要的保护装置和必要的警示标志,警示学生在自主性学习时要注意防范危险。

第三节 高校田径教学课的组织与实施

一、高校田径教学课概述

(一)高校田径教学课的概念及内涵解析

所谓的高校田径教学课,就是指在高校中以走、跑、跳、投等多种身体练习形式为手段,充分体现出竞技性、健身性、实用性等特点,以各个练习项目为主要内容,以发展人的基本运动能力,促进身心健康全面发展为主要目标的教学课程。

高校田径教学课是在传统田径体育课的基础上进行的进一步拓展,包括定向越野、野外生活生存技能等内容的相关课程。新的高校田径教学课以走、跑、跳、投等基本运动能力为基础,全面发展体能,学习并掌握与人未来的生存、生活、终身体育密切相关的知识、技能与方法,这是其显著特点。

（二）高校田径教学课的价值体现

高校田径教学课有着非常高的价值，这种价值具有多元化特点，在生理、文化等各个方面都有所体现，具体如下。

1. 发展体能方面

以田径健身的属性为基础，全面发展走、跑、跳、投等基本运动能力，促进身体全面发展，为学生学习、满足未来生活生存需要奠定基础。

2. 发展生存技能方面

通过发展体能和生存技能的学习，奠定良好的身体、心理、社会适应的基础。

3. 运动文化方面

传承田径运动文化，学习和掌握田径运动的基本理论与知识、基本技术与方法。

4. 终身体育方面

拓展的内容与生活、工作、休闲密切相关，为终身体育奠定基础。

二、高校田径教学课的主要类型

高校田径教学课的类型主要有两种，即教学课和训练课。

（一）高校田径教学课的类型

高校田径教学课又可以进一步进行类型上的划分，即理论课，实践课，考试、考查课，实习课。

1. 理论课

理论课，主要是指针对田径理论知识的教学课。主要包括：田径运动概述、田径教学理论与方法、田径竞赛的组织与裁判工作、田径场地；定向运动方面的定向越野运动概述、识别地图、设计和编制路线图、比赛基本规则、小型定向越野比赛的组织方法和注意事项；野外生存生活方面的野外生存生活概述、野外生存生活活动的设计、组织与注意事项。

第四章　高校田径教学的科学原理与指导

这种类型的田径教学课可以借助于讲授课、自学答疑课和讨论课等形式开展。

2. 实践课

实践课,是对田径各个项目的技能以及比赛等的实践练习教学课。这种类型的教学课可以采取各种各样的教学形式来进行,比如,技术教学课、教学比赛等。

3. 考试、考查课

考试、考查课,是对所学的田径理论知识与实践知识进行考核和评价的教学课。这种类型的教学课可以采取口试、笔试、技评、达标与比赛和作业等教学形式。

4. 实习课

实习课,是对所学的田径相关的教学以及比赛的相关知识进行实习的教学课。这种类型的教学课可采取教学实习、竞赛组织和裁判实习等的教学形式。

(二)高校田径训练课的类型

1. 基本运动能力训练课

(1)走、跑、跳、投的多种健身练习方法与手段。
(2)走、跑、跳、投的多种教学方法与手段。

2. 田径运动技术训练课

涉及的运动项目主要有:短跑、中长跑、跨栏跑、接力跑;跳远、跳高;铅球、标枪。各校可根据实际情况选择相应的运动项目加以训练。

3. 实用技能训练课

高校田径实用技能训练课的内容主要包括越野跑,远足,游戏性、休闲娱乐性跳跃和投掷。

除此之外,还有定向运动与野外生存。其中,前者的训练内容包括:利用地图和指南针进行定向和辨向、选择路线、寻找检查点等基本技能的练习方法与手段,借助绘图软件,自制用于教学、训练的简单定向越野地图的方法。后者的训练内容则主要包括：野外宿营、野外饮食、特殊地形的行走与穿越、野外方位的辨别等野外基本生存生活技能的方法与技能；使用安全带、绳降、上升器攀登、搭绳过涧、穿越丛林、保护与帮助等野外生存生活特殊技能的方法与手段；野外安全急救、搬运伤员的方法和注意事项。

4. 比赛训练课

主要是对田径比赛中各项能力的训练。

比赛训练课的主要目的是训练学生专项技术的灵活运用能力和比赛适应能力。

5. 综合训练课

主要是对上述几种训练课内容的综合。

这一类型训练课的主要目的是使高校学生的身体素质、技术以及比赛等多方面的综合水平和能力有所提高。

6. 调整、恢复训练课

主要是对田径训练过后高校学生身体机能的恢复和调整。

这一类型训练课的主要目的是使高校学生的专项技术水平得到保持。

7. 测验课

主要是对高校学生身体素质指标以及运动水平指标的检测。

这一类型训练课的主要目的是评定高校学生田径训练水平。

三、高校田径教学课的组织

（一）高校田径教学课组织的基本要求

要做好高校田径教学课的组织工作,需要满足以下几个方面的基本要求,从而保证田径教学课的顺利开展。

第四章　高校田径教学的科学原理与指导

1. 加强学生田径运动理论知识的学习

进行田径教学,首先要对田径有充分的了解,这是理论知识学习的必要性。对于高校学生来说,思想政治教育也属于理论知识学习的范畴,要让学生了解田径教学活动开展的目的、任务,将学生参与田径教学课及其相关训练活动的积极性、荣誉感和责任感充分调动起来。对于高校田径教师来说,其需要做的事情有很多,比如,主要有:坚持对学生的严格要求、严格训练;对于高校学生在田径教学过程中经常出现的问题要及时发现,并提出切实可行的解决方法;激励学生尽可能地完成教学与训练等任务;在教学过程中全面贯彻党的教育方针,培养高校学生高尚的道德和意志品质;根据学生的实际情况,有针对性地选择和运用各种方法、手段,将田径运动的相关知识传授给学生;要做到每次课都要承上启下,互相联系。

2. 加强学生的实践练习,提高综合运动能力和素质

田径运动作为基础性体育运动项目,其本身有较为特殊的特点,要想顺利完成高校田径的教学任务,就必须在组织上采取相应的有效措施。但是要强调的是,采取的措施要以实际的客观条件为依据来进行。

在高校田径教学课中,由于田径运动项目众多,不管是进行理论、技术教学,还是技术训练,往往都会存在系统性欠缺的问题,或大或小,照顾和组织管理工作的难度较大,鉴于此,就要求教师做好科学合理的教学、训练计划,然后尽可能地培养一些学生骨干,这样可以方便进行分组练习。有学生骨干带领、组织、帮助小组同学练习,不仅能够帮助教师进行教学活动,协助教师更好地完成教学任务,还能够增强这些学生骨干的分析、组织、管理能力,提高他们发现问题、分析问题和解决问题的能力,这也为我国体育后备人才的培养创造了有利条件。

(二)高校田径教学课组织的主要内容

高校田径教学课的组织涉及的内容主要有以下四个方面,在进行相关组织工作时,要加以注意。

1. 学生的组织

关于参与高校田径教学课的学生组织,主要是指教学训练活动,其

主要有两种形式,一种是集体(全队或小组)训练,一种是个人训练。通常会将这两种训练形式结合起来用。

2. 练习的组织

关于参与高校田径教学课练习的组织,其所涉及的内容主要包含两个方面:一个是训练课作业进行的程序,一个是作业内容的安排。

3. 课的时间安排

高校田径教学课的时间通常是按照 45 分钟一个学时进行的,但也会有两个学时即 90 分钟为一节课的。对课的时间的合理运用,对教学任务的完成以及教学活动的顺利开展有非常重要的作用和影响。

4. 运动负荷的安排

在高校田径教学课的活动中,一定会涉及运动负荷的安排这一重要内容,因为其在很大程度上对一堂教学课的成功与否产生决定性影响,一节完整的田径教学课的适宜运动负荷应保持在:运动密度控制在 75% 左右,平均运动心率要达到 140~160 次/分钟。因此,确定高校田径训练课的合理运动负荷至关重要。具体来说,首先要根据学生的实际情况来将运动负荷确定下来;其次,要遵循循序渐进的原则来增加运动负荷,由小到大。

四、高校田径教学课的实施

(一)高校田径教学课实施的基本要求

1. 树立正确的教学指导思想

明确课程为培养目标服务的指导思想,将高校田径教学课的功能充分体现出来,以《全国普通高等学校体育教育本科专业课程方案》《全国普通高校体育教育专业主干类课程教学指导纲要》(以下简称《指导纲要》)为依据,构建新的教学内容体系。[1]

---

[1] 陈晋. 田径运动理论与实践研究 [M]. 北京:北京体育大学出版社,2014:49.

第四章　高校田径教学的科学原理与指导

2. 制定切实可行的教学文件

《指导纲要》为高校田径教学课提供了教学的总体要求,各高校在执行过程中,可以以本校教学条件和师资力量等实际情况为依据,制定相应的教学文件。

3. 选择与整合课程教学内容

以《指导纲要》提出的高校田径教学课教学目标为依据,各高校以自身的实际情况为依据,不断充实、更新和精选田径教学内容,整合课程内容,组织高校田径教学的开展。

4. 不断改进教学方法

在高校田径教学课中,要转变传习式技术教学的观念,倡导启发式教学和研究性学习,重视学生创新精神的培养和实践能力的提高。

积极引进多媒体辅助教学,努力开发教学课件,积极创设与改造教学条件,保证高校田径教学课内容的实施。

认真开展教学研究活动,探讨课内外相结合的教学模式。加强组织与指导,培养学生自主学习的能力,组织与鼓励学生积极参加社会实践活动,提高高校田径教学课的质量和水平。

(二)高校田径教学理论课的实施

高校田径教学课的任务之一,就是让学生掌握田径运动以及技术基本理论,田径运动的产生与发展历程、发展现状、发展趋势等,田径运动的教学、训练、裁判、组织竞赛等方法等基本知识。

一般的,高校田径教学理论课是参照教学大纲所列出的题目,采用课堂教学的形式来完成的。通常高校田径教学理论课的授课方式为教师的讲授,同时辅以适当的课堂讨论。具体可以按照以下步骤来进行。

(1)教师可以借助提问或讲述的形式,对学生进行积极的引导,使其能够对前次田径教学理论课的内容加以回忆,为讲授新的田径理论内容做好准备。

(2)对本次田径教学课的理论内容进行重点讲授,同时,也要反复论证田径教学课的重点和难点。

(3)强化田径教学课的新、旧内容,使学生在课堂上就能对本次田径教学课的主要知识内容有所理解。

（4）在结束部分，教师要做简明扼要的总结，并对本堂田径教学课的知识点进行归纳，布置课后作业，宣告下堂田径教学课的内容，让学生做好预习。

通过田径教学课理论知识的学习，要能够达到使学生做到理论联系实际和指导实践的目的。当前田径教学课理论知识教学的开展可以应用的教学方式有很多种，并且科学技术水平越来越高，如幻灯、投影、录像等多媒体教学手段的应用，将学生学习的积极性和能动性充分发挥出来，这是非常有助于学生分析问题和解决问题的能力的提升的，是值得大力提倡的高校田径教学课组织形式。

（三）高校田径教学训练课的实施

在高校田径教学过程中，训练课部分通常可以分为三个方面来开展。

1. 准备部分

（1）主要目的

要达到使学生从生理和心理上做好承受较大和最大运动负荷的准备，尽可能降低不必要损伤的发生几率。

（2）主要任务

① 组织学生，集中注意力，以提高教学效率。

② 加强神经系统、内脏器官及各肌肉群的活动，提高其兴奋性，以增强课堂的学习气氛。

（3）主要内容

通常，高校田径教学理论课的准备部分主要包含走、跑、跳、投各种技术练习以及相关的游戏练习等。需要强调的是，训练课不仅要做一般准备活动，而且还要根据实际需要做专门的准备活动。

（4）组织方法

通常情况下，是会采用集体形式进行田径教学理论课的组织的。

（5）时间安排

通常会安排 15～20 分钟。

2. 基本部分

（1）主要目的

提高比赛能力和适应能力。

（2）主要任务

① 使学生掌握和提高田径技术水平和技能。

② 发展运动素质，增强体质，提高田径技术水平。

③ 培养学生良好作风和拼搏精神。

（3）主要内容

① 发展学生的各项素质和田径运动能力，提高实践能力。

② 进一步增强学生的各项素质和能力。

（4）组织方法

以合理安排教材内容为主要途径，来组织教学活动。

（5）时间安排

一般的，教学课（两节课连上的）的时间安排在70分钟左右。训练课的时间安排通常占全课时的70%左右。

3. 结束部分

（1）主要目的

促进学生机体恢复，最终使学生从生理上逐渐由运动状态平复下来，从心理上由运动状态逐渐恢复到平静状态。

（2）主要内容

慢跑、游戏、放松练习和注意力转换的练习等。

（3）时间安排

一般的，教学课结束部分的时间是5～10分钟，训练课结束部分的时间是15分钟左右。

（四）高校田径教学课实施的评价

高校田径教学课实施的效果需要经过相关的评价才能得出结论。一般的，会通过过程与结果的评价相结合、教师评价与学生评价相结合、他评与自评相结合等方式来对学生的学习情况进行全面评价。评价的内容主要涉及以下几个方面。

1. 基本运动能力方面

（1）走、跑、跳、投等基本技术的掌握程度。

（2）以多种方法与手段发展体能的运用能力。

2. 教学基本技能方面

（1）田径基本理论知识和基本技能的掌握程度。

（2）田径主要项目的运动技术水平。

（3）田径教学组织的基本能力。

（4）健身锻炼的指导与管理能力、竞赛活动的组织与裁判能力。

3. 传承田径运动文化方面

（1）对高校田径教学课主要项目的文化特点的了解与掌握程度。

（2）对高校田径教学课主要项目的竞赛规则、场地、器材和装备的了解与掌握程度。

4. 社会适应能力方面

（1）高校田径教学课对促进学生心理健康和提高社会适应能力的积极作用的理解程度。

（2）学生在学习田径理论和技术实践过程中意志品质、个性发展、创新能力和合作精神的表现。

（3）学生自主学习、研究性学习的表现和能力。

第五章　高校田径之体能素质习练指导

田径运动对运动员的体能素质要求非常高,没有过硬的身体素质是很难完成田径比赛的,因此要将体能训练贯穿于整个训练过程的始终,不断促进运动员体能素质的发展和提高。本章重点阐述促进和提高田径运动员体能素质发展的方法,为运动员提供必要的理论与实践指导。

第一节　影响学生体能素质的因素分析

一、先天因素

运动员在成长的过程中,其身高、体型等都会受到父母的影响,这就是先天遗传因素在起作用。另外,一些遗传性疾病,如色盲、精神病等,如果青少年的父母患有这些疾病,那么其患病的概率就要比健康的人高一些,这都是遗传因素在起作用。总体上来看,每一个人的发展都会受遗传因素的影响,有时候甚至遗传因素在其中起决定性作用。因此,在选拔运动人才时要将先天遗传作为一项重要的标准。

我们已经知道,先天遗传因素对运动员的发展起着极为重要的影响,而后天环境因素也发挥着极为重要的作用。我们通常所说的遗传变异就是受后天环境的影响导致的。人的身高在很大程度上受父母的遗传,除了父母的遗传因素外,后天的锻炼也是非常重要的,通过大量的后天锻炼,子女的身高会超过父母的平均身高水平。因此,通过外界环境的改善,人的机体能朝着良好的方向发展,而后天获得的优势又能通过遗传因素传给下一代,从而形成一个良性循环。除了良好的环境对人的机体发展产生有利的影响外,不良环境也会对遗传产生不利的影响。因此,营造一个良好的环境对于运动员的成长与成才也是十分重要的。

另外,遗传因素还会对人的心理产生重要的影响。据相关调查研究发现,人的智力发育水平在很大程度上受先天遗传因素的影响。如一个孩子在出生后就由高智商的养父母抚养成人,但其智商水平与亲生父母相近,这充分说明,先天赋予个体智能的差异与遗传因素有着极为密切的关系。但是,需要注意的是,青少年身体素质的发展,受到的环境因素的影响也是非常大的,这需要引起高度重视。作为一名学生,在平时的学习与生活中要注意后天环境的影响,不断发挥自身的特长与优势,成长为一名高素质的人才。

二、后天因素

(一)身体疾病方面的因素

一些慢性疾病会对学生的身体健康造成严重的影响,如患血吸虫病的青少年与未患病的青少年相比,身高普遍处于一个较低的水准;而患有甲状腺肿疾病的青少年,其身体发育会受到严重的影响,与正常同龄青少年相比,身高、体重明显要低;而患有胃肠道疾病的人通常消化吸收能力都相对较弱,长期如此则会造成营养不良的后果,尤其是对于青少年而言,这会严重影响到其身体的正常发育,更加不利于正常的生活、学习和训练。青少年运动员因疾病无法正常的生长发育,更不用说是进行体能训练发展了,因此青少年运动员在参加体能训练的过程中要注意保护自己不受疾病的侵袭,针对疾病,要采取预防与治疗相结合的措施和手段,主要是以"预防为主",在平时的体育锻炼中注意环境卫生和个人卫生习惯,从而有效避免慢性疾病,促进身体素质的健康发展。

(二)心理素质方面的因素

受各种因素的影响,学生一般会表现出各种积极或消极的情绪,这与学生的心理素质有着极为密切的关系。通常情况下,消极情绪会给人体的各系统功能带来不利的影响。而在积极的情绪之下,学生的身心则能获得健康发展。如今各种现代化技术得到了广泛的利用,科技在带给人们实惠与便利的同时,也带来了诸多的社会文明病,如高血压、心血管病等,以及与心理因素有关的心理疾病等,这些都严重危害到人们的身心健康。这些社会文明病都与人的心理有着极为密切的关系。

学生在平时的学习与锻炼中,一定要注意自身的心理健康,出现心理问题时一定要及时进行治疗。如果发生一定的心理疾病,不能仅靠药物治疗,而是要从根源上采用心理治疗手段解决,这样才能取得理想的效果。

(三)日常营养方面的因素

处于青春发育期的学生,其身体发育需要大量的营养作保障,如果缺乏营养或者营养不良就容易导致出现各种发育问题。因此,学生一定要在平时的学习、生活与训练中注意营养的摄入与补充,如果补充的营养不够,其身体系统功能就会受到一定的影响,不仅不利于运动锻炼的顺利进行,甚至危害身体健康。

总之,学生在平时的生活与训练中一定要注意营养的补充,合理搭配各种食物,烹调要合理,避免破坏食物的营养结构,造成营养的损失。同时还要养成一个良好的生活习惯,确保每天都能补足营养,这样才能保证运动锻炼的顺利进行。

(四)体育锻炼方面的因素

大量的研究与实践表明,长期参加体育运动可以使人体各系统器官的功能得到增强,使大脑皮层及神经系统的协调指挥能力得到提高,使机体的新陈代谢和体格的正常发育得到全面促进,而且还能促进人的生理、心理等健康发展。需要注意的是,体育锻炼必须要科学和合理,否则容易适得其反。

大量的事实表明,经常参加体育锻炼的人,身体的协调性和灵活性要更强,反应能力也更加迅速,同时还具有较高的想象力和发散思维能力,注意力高度集中,能够快速地融入周围的环境之中,这非常有利于学生的全面发展。

周围环境会对学生产生非常重要的影响。在良好的环境刺激之下,学生能有效提高大脑的兴奋度,迅速地适应周围环境。除此之外,经常参加体育运动训练,青少年运动员的身体各项系统机能都能获得好的发展,如血液循环得到明显的改善,心脏收缩力进一步提高,肌肉日益发达,呼吸功能不断增强等。因此,体育锻炼是影响学生身体发展的重要因素之一,一定要引起重视,养成经常参加体育锻炼的好习惯。

(五)生活方式方面的因素

在各项后天因素中,生活方式是其中非常重要的一种。据相关调查发现,在人体的生长发育中,与不良生活方式有关的占到了一半以上,由此可见不良生活习惯对人的影响。另据调查统计,脑血管病、心脏病、恶性肿瘤这三大疾病是造成人死亡的重要原因,患有这些疾病的人群大多与不良的生活方式有着密切的关系。

相关研究与事实表明,不良的生活方式会引发各种疾病,在现代社会经常出现的"文明病"就是由于不良的生活习惯或方式而引起的。如各种交通工具的使用,导致人们的运动能力不断衰退;社会竞争压力的加剧引发各种心理疾病等。这些心理疾病并不是只靠药物就能解决的,需要采取一定的心理干预手段。

因此,在平时的教学中,体育教师还要指导学生养成良好的生活方式,这样才能有效预防各种身心疾病。除此之外,家长还要与运动队、卫生部门等密切配合,为学生的身心健康发展提供良好的保障。

(六)自然环境与社会环境方面的因素

大量的事实表明,环境对人的发展影响甚大。众所周知,人类与环境之间的最本质的联系是物质和能量交换。这突出体现在以下两个方面：一方面，人的生命的维持要从环境中摄取必要的物质，为机体提供重要的能量；另一方面，人体内产生的代谢物会排到周围的环境之中，经过一定的改造与利用又会被人体所摄取。因此，环境的变化会对人体的正常生理活动产生非常重要的影响。

一般来说，环境因素主要包括自然环境和社会环境两个方面。加强这两个方面的建设能为学生顺利参加体育运动提供重要的保障。

1. 自然环境

人的生存与发展离不开一定的自然环境，人与自然环境之间有着极为密切的关系。人们在自然界中生存与生活，除了向大自然索取一定的物质资源外，还受到大自然发展的影响。其中，气候和季节是影响人类生活的最为重要的两个因素。如常年在寒带地区生活，这一地区的人们生长发育速度要相对缓慢一些，但是寿命要比热带地区的人长；在春季，一般情况下青少年儿童的身高要增长很快，秋季则是体重增长较快，这有一定的规律可循。总之，人体生长素在一定程度上受到气候和季节的影响。只有人与环境相协调，才能获得健康的发展。人的机体要与外界环境各要素保持一个动态平衡的状态，否则人体健康就会受到一定的威胁，不利于长期的健康发展。

学校或者某些训练基地是学生学习、生活和训练的主要场所，也是其接触的自然环境。一个良好的训练和生活环境，能促进青少年运动员的身心健康发展，有利于提高青少年运动员学习与训练的积极性，促进竞技水平的提高。反之，不良的自然环境则会使青少年运动员的身心健康受到不利的影响，如果运动员生活的环境较差，噪声较大，污染严重，这就容易引发各种疾病，从而导致机体系统功能紊乱，而且还会严重影响学习和训练的效率。因此，选择良好的自然环境是非常重要的。

2. 社会环境

人是一个社会的人，在平时的生活中，无论人们参加任何活动，都与社会环境发生着极为密切的联系，这主要体现在人与社会意识以及人与社会组织之间发生着各种联系。而社会意识与社会组织则是整个人类社会发展的要素。社会意识的范围非常广泛，一个地区的风俗习惯，人们的生活习俗，以及各种政策文件等都属于社会意识的内容；而社会组织结构则主要包括家庭、工作单位、医疗机构等多方面的内容。

在这样的条件下,人们的身心健康才能获得发展。

家庭环境是社会环境的重要内容。一般情况下,家庭环境主要包括家庭结构、经济基础、父母文化水平等几个方面的要素,这些方面都会对学生的发展产生极为重要的影响。一个良好的家庭氛围或环境能为青少年的健康成长提供一个很好的场所,俗话说,父母是子女的启蒙教师,父母在日常生活中的言行举止都会在一定程度上影响子女的发展。通常情况下,在家教比较民主的家庭里,青少年一般都拥有乐观好动、活泼开朗的性格;而家境较差的家庭,青少年通常会显得性格孤僻、不善交流,因此,构建一个安全合理的家庭环境是十分重要的,在这样的环境条件下,学生才能获得健康发展。

家庭环境会对青少年的健康成长产生至关重要的影响,学校因素也会影响青少年的健康成长。学校是学生学习(生活)的合作体。青少年在学校中接受各种各样的教育,其认识水平一天天不断完善,而文化发展程度又会在一定程度上对青少年产生决定性作用。正处于青春发育期的青少年如果掌握了丰富的文化知识与技能就能科学、合理地安排自己的生活和学习,从而有利于自身的长远发展。

总之,社会环境也是影响学生身心健康发展的重要方面,对青少年运动员的发展具有重要的影响,因此学生在参加运动锻炼时,一定要高度重视周围环境的创设与改造,如此才能保障健康持续发展。

第二节　田径速度素质习练

一、速度素质及训练概述

(一)速度素质的概念

速度素质是指人体或某环节快速运动的能力,人体快速完成动作的能力、对外界信号刺激快速应答的能力以及快速位移的能力都属于速度素质的范畴。速度素质可以说是人的一种综合能力,在运动素质中,速度素质扮演着十分重要的角色。在平时的体能训练中,一定要将速度素质训练作为一项十分重要的内容。

(二)速度素质的类型

一般来说,速度素质可以分为反应速度、动作速度和移动速度几个类型。除此之外,还有瞬时速度这一类型,即运动中各单一速度或个体速度之间转化、传递的快慢。它是由位移速度、动作速度、反应速度、器械运行速度、个体之间的配合等因素相互作用产生的综合效果,主要从动作环节间的衔接上得到体现,如田径运动中的跑跳衔接、跨跳结合、助跑与投掷出手的衔接等都属于瞬时速度,这一速度对于学生运动员参加一些专项活动具有非常重要的意义。

总的来看,一个完整的速度系统结构如图 5-1 所示。

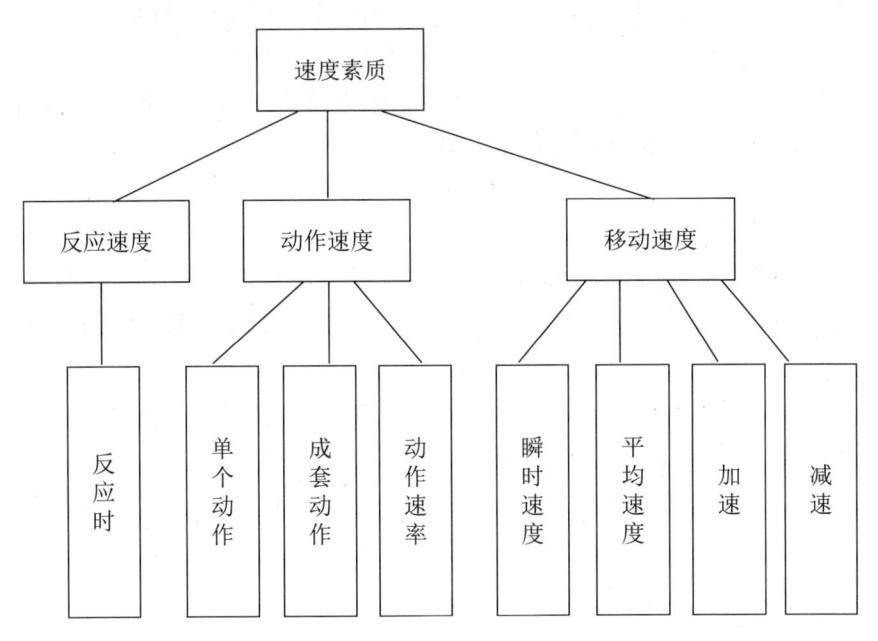

图 5-1 速度素质系统的结构

在运动员的科学选材中,一定要重视以上体能要素,在教练员的指导下科学地参加速度素质的训练。

二、田径速度素质习练的手段

（一）反应速度习练

1. 反应速度训练

反应速度训练主要包括以下两种，通过这两种形式的训练能有效提高运动员的反应速度。

（1）简单反应速度训练

在训练前期，学生可以多做一些简单反应速度的练习。简单反应速度训练方法主要有完整练习、分解练习、变换练习以及运动感觉练习。通过这几种练习手段，学生能很好地提升自己的反应速度。

（2）复杂反应速度训练

复杂反应速度训练的方法主要有移动目标练习和选择动作练习两种。其中，移动目标练习主要分为四个阶段，即感知—判断—选择方案—完成动作。训练时要对移动目标在位置、方向、速度、轨迹等方面的变化加以注意，并反复练习。选择动作练习要结合学生的具体实际进行，否则就难以获得应有的训练效果。

2. 反应速度训练手段

（1）变向起跑：背向蹲立，听到信号后迅速转体成蹲踞式起跑，冲跑20～30米。在训练的过程中，学生的转体动作要迅速，做出的动作要规范和合理。

（2）动作反应练习：练习前告诉运动员蹲下、起立、手触地、跳起等动作。训练过程中，可任喊其中一个动作，学生根据提示进行练习。

（3）手抓网球：站立，持球手臂前平举，手心向下，然后手指张开开始使球自由下落，不等球落地再用手掌朝下抓住球。连续进行，左右手交替重复练习。

（4）左右跳+高抬腿+小碎步+冲刺跑：如原地左右跳8次，接原地高抬腿跑12次，接碎步跑5秒，然后加速跑；或听口令转换动作。

（5）俯撑起跑接后蹬跑接冲刺跑：两手撑地，两腿伸直成俯卧姿势。听信号后迅速起跑，然后做快速后蹬跑20米，跑到标志线处，紧接着做冲刺跑30米。

第五章　高校田径之体能素质习练指导

(二)动作速度习练

动作速度习练可以采取以下几种手段,坚持长期的练习通常能取得不错的效果。

(1)完善技术练习。完整的技术由多个环节组成,在多个环节中总会有不足之处存在。为了解决这一现象,要求以各个专项的某些动作环节为依据进行分解练习。

(2)利用助力练习。通过减轻负荷,或者在人或自然条件的帮助下有意识地加快动作。

(3)利用后效作用练习。通过先负重较大阻力进行练习,激发、动员更多的运动单位参与工作,在神经肌肉系统留下痕迹效应,然后通过后效作用的利用,进行正常负重或较轻负荷练习。在这样的情况下,能有效避免运动损伤,提高训练水平。

(三)移动速度习练

1. 变速变向训练手段

(1)三角移动:地上摆三个相距5~10米的标志物,成三角形,以各种步法在三角线上进行变速、变向的移动。

(2)长短往返跑:摆4个标志物成一直线,相距3~5米,从第一个标志物起跑,依次触碰第二、第三、第四个标志物,并回到起点,往返练习。

(3)摸球台移动:乒乓球运动员常用,可以利用一张球台的两个台角进行,也可以在两张球台间进行。听信号后,用各种步法移动往返触碰球台角。

(4)后退跑+转身冲跑:背对前进方向,听信号后退约20米,见到标志物转身冲跑20~30米。

2. 重复跑和间歇跑

(1)速度性练习

以85%~100%的强度,进行30~150米的反复跑,间歇时间要充分,以速度没有明显下降为宜。

(2)速度耐力性练习

距离主要以200~600米为主,强度通常在75%~90%,间歇时脉搏下降到120次/分以下（20次/10秒），就可以开始下一次练习。

（3）接力练习

利用上述技术进行同伴间的接力比赛。

三、田径速度素质提高的方法

（一）负重短跑

负重短跑是提高速度的重要手段和方法，这一方法在运动训练中得到了广泛的利用。负重短跑常用的形式主要有以下几种。

（1）山地跑。顷斜度必须能够满足正确的起跑姿势和短跑动作。在一个8°—10°的斜坡上，前2.5—3秒应跑过10—30码的距离，然后接下来应全速跑过20—80码的距离。

（2）阶梯跑。学生可以借助楼梯进行类似于山地跑的训练，在训练的过程中，运动员一定要注意角度的选择。

（3）带雪橇跑。雪橇上边一个备用轮胎加上一个绳索，外加一个捆绑重物的带子即可制成一个简易雪橇。还可以采用不同材质的形式来提高重量。在训练的过程中，教师要指导学生保持正确的身体姿势，运动强度要依据具体实际适当增加。

（二）跳跃训练

跳跃训练也能有效地提升青少年运动的速度与加速度，常用的跳跃训练方法主要有以下几种。

1. 垂直跳跃

运动员从慢跑开始，尽最大可能高地向上跳起，膝盖要上抬，一条腿落地后继续从地面跳起。反复进行练习。

2. 向外跳跃

向外跳跃的方法和垂直跳跃有着相似之处，只是脚要横向地落到正常落地位置的外侧，身体要向外摆，向上，向前。

3. 向内跳跃

这一训练方法与向外跳跃非常相似,只是脚要横向地落到正常落地位置的内侧,身体要向内摆,向上,向前。

4. 踢臀练习

首先,运动员慢跑,在位置较低的腿要往回抬并离开臀部。位置高的腿不要移动太多,但脚后跟要碰到臀部。踢臀练习的强度相对较高,能有效地提高人体的速度与加速度素质,因此在运动训练中较为常用。

5. 下压腿练习

下压腿练习也能有效促进青少年运动员速度与加速度的提高,这一训练方法像跨栏一样,腿在身前伸展,运动员运用爆发力下压腿和地面接触。每腿做10次为一组,如此反复练习。

四、田径速度素质习练要点

学生在参加速度素质训练时,需要注意以下几个方面的要求,如此才能保证训练的效果和质量。

(一)合理安排训练时间与顺序

在田径速度素质训练中,一定要合理地安排训练的时间。一般来说,速度素质训练应安排在青少年良好的精神状态之下进行,如在训练课的前半部安排速度素质训练,这样能取得不错的训练效果。另外,除了要重视训练时间的安排之外,还要注意训练顺序的合理安排。一般情况下,速度训练应安排在力量训练之前,在具体的训练过程中,教师可以指导学生进行一些快跑或跳跃动作的练习,在进行速度素质的训练后再安排一些力量性训练,如此有利于取得良好的训练效果。

(二)重视绝对速度的训练与提高

在田径运动中,某些项目要求运动员必须具备出色的绝对速度,如短跑项目就是如此。短跑运动员博尔特就有着非常出色的绝对速度素质,这是其取得伟大成就的重要因素。一般情况下,绝对速度上占有优势,运动员就会在比赛中占有相对有利的地位。因此说,在平时的训练中,一定要重视绝对素质的培养和训练。

(三)突出以爆发力为主的快速力量

爆发力是一种极端的快速力量形式,在田径短跑运动中,这一素质至关重要。从运动生物力学的观点看,力量与速度都会对爆发力产生重要的影响。因此,这就要求运动量要尽量在有限的时间里展示力量的能力,要在平时的运动训练中加强爆发力训练。

(四)速度训练应与专项运动相结合

在速度素质训练中,教师还要指导学生将速度素质与运动专项结合起来进行。具体而言,就是指把所需的快速动作能力与具体项目的特有表现形式结合起来,根据项目特点和技术动作的要求加强感受器官与运动器官一致性的训练。如田径短跑的反应速度练习,应着重提高运动员听觉的反应能力。这样有利于取得理想的训练效果,能有效促进学生速度素质的提高。

(五)培养正确的技术动作与协调性

技术可以说是运动员各项素质的核心内容,运动成绩的取得在很大程度上依赖于运动员的技术水平。因此要结合体能训练,培养学生正确的技术动作,保证技术动作的协调性和稳定性。如果没有符合生物力学要求和适应个人特点的技术动作,运动员完美的表现就不会出现。技术动作的合理性、实效性与人的协调性、灵敏性之间有着非常密切的相关性。协调能力是人体不同系统、不同部位、不同器官协同配合完成技术动作和战术活动的能力。协调能力的好坏会对技术、战术的形成和发展产生直接影响。协调性是灵敏素质的基础。灵敏素质的高低通常取决于平衡能力、速度、力量和协调能力。在青少年阶段,在日常运动训练中,要重视身体协调性、灵敏性的发展,这一点需要引起高度重视。

（六）注意个人情况和训练安全

1. 个人情况与训练相结合

速度素质训练的安排一定要科学和合理，除了遵循一定的训练原则之外，还要结合青少年的身体特点及运动基础来进行。值得特别注意的是，在速度素质训练之间要保证运动员身体疲劳的完全恢复，训练的过程中要重视动作的准确性与规范性，要循序渐进地进行速度素质的训练，切实提高训练水平。

2. 保证运动训练环境的安全

为保证速度素质训练的效果，运动员还需要注意运动训练环境的安全。如果在训练过程中，运动员不注意力量以及动作幅度、动作频率等的限度，就容易导致运动损伤。一般来说，发生运动损伤的危险性还是比较高的。因此，青少年在参加速度素质训练时尤为注意训练环境的安全性。

3. 做好充分的准备活动

青少年运动员在进行速度素质训练前要进行充分的准备活动，这样才能有效避免运动损伤。如果准备活动不充分，会引起人体肌肉放松能力下降，容易导致运动损伤。因此，青少年运动员在进行速度素质训练前一定要做好专门的准备活动。

4. 结合训练时间和天气情况进行训练

在进行速度素质训练时，如果在早上安排训练，要尽可能地不要安排大强度的练习。青少年在参加运动训练的过程中，如果肌肉出现酸痛或其他不适感，就需要停止训练做必要的检查。

青少年运动员在气温较低的天气环境下参加运动训练时，除了注意做好充分的准备活动外，还要注意选择合适的服装，尽量穿透气、宽大的运动服。

5. 采用按摩、放松等训练手段

放松练习和按摩是促进运动员体能恢复的重要手段，在按摩时可以擦一些有利于促进血液循环的药品。除此之外，训练的过程中还要注意环境的安全。

第三节　田径力量素质习练

一、力量素质概述

（一）力量素质的概念

力量素质，是指人体—肌肉系统工作时克服或对抗内外阻力的能力。内部阻力主要包括肌肉的黏滞力、关节的加固力和各肌肉间的对抗力等。外部阻力是指物体的重量、支撑反作用力、摩擦力、空气或水的阻力等。人体力量素质的发展主要得益于外部阻力产生的作用，人体在克服这些阻力中不断提高、发展自身的力量素质。对所有运动项目来说，力量都是最基本的身体素质，一定要重视力量素质的训练。

（二）力量素质的分类

1. 最大力量

最大力量指的是机体能够克服的最大阻力的能力。实际上，最大力量与体重是没有关系的，其与肌肉体积有关，两者是正相关的关系。

2. 速度力量

速度力量就是指肌肉在运动时快速克服阻力的能力。这一素质在很多运动项目中都扮演着十分重要的角色。速度力量的形式有很多种，其中，较为典型的有爆发力、起动力和弹跳力这几种。

3. 力量耐力

力量耐力是指运动时肌肉长时间克服阻力的能力，通常情况下，阻力与运动时间是呈负相关关系的。加强力量耐力训练对于运动员耐力素质的提升具有重要的意义。

二、田径力量素质习练的方法

（一）核心力量训练

1. 接、掷保健球仰卧起坐训练

屈膝，双脚平放于地面，从坐位开始练习。一搭档面向你，双手持保健球，站于离你1.2～2米的位置。搭档把保健球掷于你胸前。接球，慢慢下降躯干至地板，然后返回到起始位置。当恢复到起止位置时，胸前双手把保健球传给搭档。

2. 快速触脚训练

平躺于地板上，要求双臂和双腿始终伸直。始终保持双臂和双腿伸直，快速用双手触摸脚尖。切记：在两个动作之间，不能完全把后背恢复到平躺位置。

3. 充分仰卧起坐训练

屈膝，以标准仰卧起坐的姿势躺于地面，只使下后背触到地板，双手放于脑后。收缩腹部肌肉群，使躯干提升，形成与地面垂直的姿势。慢慢恢复到开始位置，整个训练过程中保持双臂不动且始终放松。

4. 负重身体收缩训练

屈膝，以标准仰卧起坐的姿势躺于地面，只使下后背触到地板，双手持一杠铃片或保健球置于胸前。收缩腹部肌肉群，使双肩及上后背提升，与地面成30°—45°角。慢慢恢复到起始位置，整个训练过程中始终将杠铃片或保健球置于胸前。

（二）专项力量训练

专项力量是指以高强度专项运动的形式完成动作时，肌肉克服阻力的能力。

（1）在训练时，能够积极调动起参与专项运动的肌肉，并使其得到有效训练。

（2）对力量练习的技术因素加以重视，使肌肉的工作方式和冲动频率与专项技术一致。

（3）对肌肉间的协同用力要加以重视，尽可能使肌肉或肌群之间的配合与专项技术特点一致，通过整合机体各环节的肌力，形成正确的"用力顺序"。

（4）投掷项目训练：用略轻或略重的器械进行练习，重量以不产生动作变形为宜(约小于20%的标准重量)。相对来讲，采用轻器械的效果更好，因为投掷项目的成绩主要取决于出手速度。器械过重反而会适得其反。

（5）跳跃项目训练：膝或大腿负沙袋的助跑起跳膝关节触高练习，不宜过重，要有助跑速度。单腿跳箱或跳栏架的训练效果也不错。

三、田径力量素质习练要点

（一）要采用最大负荷

田径力量素质的训练，主要目的是能够充分发挥出运动员的最大机能潜力，要达到这一目的，就要求采用的负荷量与强度及在完成每一组和每一次所承受的力量负荷，最终使得参加运动的肌肉能够在收缩过程中达到精疲力竭的程度。

（二）习练要持续重复进行

运动员在承受大负荷的力量训练中，对其采取的训练形式有非常高的要求，即为次数多、组数多且反复、负荷大，由此来保证加大对肌肉的刺激深度。从根本上来说，发展力量素质的目的在于让运动员承受大负荷，同时，也要不断累积数量，由增加次数或组数的不适应逐渐发展到适应，再增加重量由不适应到适应，最终达到使运动员的力量素质得以发展和提升的目的。

第四节 田径耐力素质习练

一、耐力素质概述

耐力素质指的是人体在长时间工作或运动中克服运动疲劳的能力。这一耐力素质在一定程度上反映了人体健康水平或体质强弱,因此无论是作为普通人还是专业的运动员,都要重视自身的耐力素质训练。需要注意的是,人体各项体能素质并不是独立存在的,与其他体能素质之间存在着极为密切的联系。以耐力素质为例,耐力素质可以与力量、速度素质等相结合,形成力量耐力和速度耐力。这些素质都是运动员应具备的重要的体能素质。

二、田径耐力素质习练的方法

(一)有氧耐力训练

1. 负荷强度

通常负荷强度低于最大强度的 70%,一般运动员的心率可控制在 140～160 次/分钟,高水平的运动员则可相对提高些。具体可以根据心率公式加以计算:

训练强度 = 安静时心率 +(最大心率 - 安静时心率)× 70%

2. 无氧阈

无氧阈,一般的,其大小会用血乳酸含量达到 0.04 摩尔/升时所对应的强度来表示。

3. 持续时间

练习持续时间要以专项特点、运动员自身的情况和训练的不同阶段为依据来确定,如可以通过持续 60～90 秒来提高高强度的速度耐力；通过多次重复 3～10 分钟或持续 20～120 分钟来提高有氧耐力。有氧练习通常以高于 30 分钟为佳。

4. 重复次数

重复训练法的使用，需要注意所用到的重复次数，要将其确定下来，首先要弄清楚维持高水平氧消耗的生理能力这一重要依据和前提条件，通常 3～5 次 /2～3 组。

5. 间歇时间

如果运动员机体还没有完全恢复，那么这时候，下一次的练习就可以开始了，一般以不超过 4 分钟为宜。通常当心率恢复到 120～130 次 / 分时，下一次练习就可以开始了。

(二) 无氧耐力训练

1. 乳酸供能无氧耐力的训练

(1) 主要采用间歇训练法和重复训练法。强度：最大强度的 80%～90%，心率可达 80～190 次 / 分钟。负荷持续时间：长于 35 秒，一般在 1～2 分钟。距离：300～600 米跑或 50～200 米游泳。

(2) 练习次数、组数和间歇时间：参照训练水平、跑速、段落长度和组间间歇时间等这些因素来加以确定。一般来说，段落短则间歇时间也短，如 200～400 米段落跑，共练习 3～4 组，每组重复跑 3～4 次。

(3) 练习顺序：从长段落开始到短段落，如 (400 米 ×2+300 米 ×2+150 米 ×2) 等，这样能够使有机体迅速动员无氧糖酵解的能力得到有效提高。

2. 非乳酸供能无氧耐力的训练

(1) 强度：90%～95%。练习持续时间：5～30 秒。

(2) 重复次数与组数：以不降低训练强度为原则，重复次数不宜多。要以运动员水平与具体情况为依据来确定次数、组数，一般的，水平高则组多些，如练习 4～5 次 /5～6 组。

(3) 间歇时间：短距离如 30～70 米跑的间歇时间为 50～60 秒。较长距离如 100～150 米跑，间歇时间为 2～3 分钟。间歇时间要确保

ATP—CP能量物质的恢复。要适当控制总量在700～1000米范围，否则训练非乳酸供能的效果会不理想。

三、田径耐力素质习练要点

（一）注意呼吸的节奏与动作相一致

学生在进行中等负荷耐力练习时，会出现每分钟耗氧量与氧供给量之间的不平衡，如果不及时进行处理，久而久之就会出现不平衡现象。因此，散打运动员的耐力训练一定要注意呼吸的节奏与节奏的合理把握。在具体的耐力素质训练中，学生可以适当加强以呼吸深度为主的供氧能力训练，保证呼吸与动作相协调，如此才能取得理想的训练效果。

（二）及时补充丢失的能量

由于运动员耐力训练的时间都比较长，因此会消耗机体大量的能量，在这样的情况下，必须及时合理地补充能量，如此机体才能更快地恢复及获得超量能源的储备。在充足的能量储备下，下一次的训练才能安全和有效。尤其是对于一些耐力性项目的运动员而言，合理及时地补充能量极为重要，这直接影响到耐力训练的效果。

（三）加强训练中的医务监督

长时间的耐力素质训练通常会消耗运动机体大量的体能，在这样的情况下，身体各系统机能就会受到一定的影响。如果在身体条件欠佳和能量不足的情况下继续参加训练，人体各系统功能就容易受到损害。因此，为避免这种情况，就需要加强医务监督工作，这是一项非常重要的工作。

运动员耐力训练的医务监督，主要包括机能评定与运动员负荷安排的承受情况。运动员的机能评定应包括血压、心率和自我感觉等内容；运动员负荷安排的承受情况则主要通过运动员的技术动作变异程度、面部表情变化等来确定。通过医务监督工作，能有效地避免运动损伤，保证耐力素质训练的顺利进行。

（四）注意遵循体能训练的基本原则

学生在进行田径耐力训练时需要遵循以下基本原则。

（1）在合适的时机培养和提高专门性耐力训练水平。

（2）周期性原则。运动员的耐力素质训练呈现出鲜明的周期性特征，因此一定要遵循运动训练的周期性原则。

（3）一致性和协调性原则。运动员的专项耐力训练要与一般耐力训练相结合，二者要获得协调一致的发展。

（4）针对性和持续性原则。运动员的耐力素质训练要有针对性，同时还要保持持续性，这样才能取得理想的训练效果。

（5）控制性原则。运动员耐力素质的培养与训练，需要高效率的控制，只有如此才能取得理想的训练效果。

（五）建立一个科学的饮食结构

学生在进行耐力素质训练时，除了注意运动安全外，还要摄入充足的营养。只有如此才能保证训练中对能量的需求。因此，在平时的生活与训练中，学生要建立一个正确的饮食结构，饮食结构要合理，要满足机体对能量的需求。

（六）有意识地培养意志品质

耐力素质训练非常枯燥，如果没有良好的意志品质，是很难完成整个训练活动的。因此，加强学生意志品质的培养与训练是十分重要的。需要注意的是，在培养学生意志品质的过程中，要注意运动负荷的合理安排，不能盲目地加大运动负荷，否则容易导致运动损伤，妨碍耐力素质训练的顺利进行。

第五节　田径柔韧素质习练

一、柔韧素质概述

（一）柔韧素质的概念

柔韧素质，是运动员身体训练的重要组成部分，柔韧素质的好坏通常是通过关节运动幅度的大小来表示的。所谓的柔韧素质，是指人体各个关节活动范围及肌肉、韧带的伸展能力，可以将其理解为一个或多个关节的活动范围。

通过进一步分析，可以从两个方面来更加深入地了解和认识柔韧素质：一个是关节活动幅度的大小，一个是跨过关节的肌肉、肌腱、韧带等软组织的伸展性。其中，关节的活动幅度主要取决于关节本身的装置结构。跨过关节的肌肉、肌腱、韧带等软组织的伸展性，则主要通过合理的训练获得。

（二）柔韧素质的作用

柔韧素质的作用也是非常重要的，在很多方面都有所体现，对青少年运动员体能水平的提升也有帮助。

（1）良好的柔韧素质，能够使运动时关节的活动幅度有所增加。

（2）良好的柔韧素质，能够使完成动作时的精确性和稳定性有所提升。

（3）良好的柔韧素质，对于运动效率的提升是有帮助的。

（4）良好的柔韧素质，对于运动损伤，特别是肌肉拉伤的发生概率的降低是有帮助的。

（5）良好的柔韧素质，对于肌肉质量以及肌肉良好功能（弹性、爆发力等）的提升是有帮助的，除此之外，还能有效预防肌肉僵硬即肌肉损伤。

二、田径柔韧素质习练手段

（一）主动性拉伸训练

主动性拉伸训练，是指练习者依靠自己的力量，通过各关节及其相关肌肉的主动收缩，来改善关节灵活性和肌肉伸展性的方法。在柔韧素质训练中，主动性拉伸训练又可以分为以下两种形式。

1. 主动性动力拉伸

主动性动力拉伸训练，是指练习者依靠自己的力量，使肌肉、肌腱、韧带等软组织急骤地牵拉长，来提高柔韧的伸展能力。此种练习可以分为三种：单一和多次的拉伸训练；摆动和固定的拉伸训练；负重和不负重的拉伸训练。

2. 主动性静力拉伸

主动性静力拉伸训练，是指练习者在动作最大幅度时，依靠自身的肌肉力量和采用不同的伸展姿势保持静止姿势慢慢地拉长的训练。这种训练方法能在很大程度上拉长肌肉而不会引起伸展肌肉的反射性收缩，安全性较高。

采用主动性静力拉伸训练法时，当肌肉软组织拉伸到某一程度时，保持静止状态的时间一般约为8~10秒，重复次数为8~10次。

主动性静力拉伸训练法对发展肌肉、韧带等的伸展性有较好的作用，是作为发展柔韧性的主要方法。主动性静力拉伸的训练强度较小，且动作幅度较大，有助于节省体能，无需专门训练场地和训练器械，简单易行。

（二）被动性拉伸训练

被动性拉伸训练，是指练习者借助外力或同伴的作用，帮助进行伸展的训练。被动性拉伸训练可分为以下两种形式。

1. 被动性动力拉伸

被动性动力拉伸训练，是指在训练时，借助同伴或使用绳、棍棒、毛巾、橡胶带等的帮助进行伸展的训练。例如，借助同伴的帮助来增大压肩、举腿的动作幅度等。在被动性拉伸训练的过程中,练习者应重点注意与同伴的不断交流,以确保在训练中肌肉、韧带拉伸的安全性,预防拉伤。

2. 被动性静力拉伸

被动性静力拉伸训练,是指练习者借助外力来保持固定或静止某一拉伸姿势的练习。例如,借助同伴的帮助来保持体前屈的最大幅度。

采用被动性静力拉伸训练方法发展柔韧性素质时,需要注意以下几点:第一,应逐渐加大动作的幅度,使动作到位;第二,受力应由轻到重,使肌肉、韧带缓慢地被拉长;第三,应循序渐进,两种训练方法兼顾使用,避免受伤。

三、田径柔韧素质习练要点

(一)柔韧素质与其他素质共同发展

在田径体能柔韧素质训练中,柔韧素质的培养与训练还要与其他素质共同发展,因为柔韧素质与其他素质之间都有着极为密切的联系。换言之,每一种身体素质的发展都会影响到体能的整体水平,而各个身体素质之间,也有着密切的联系,要想获得理想的柔韧素质训练效果,就必须要与其他素质结合起来共同发展。

(二)严格把控柔韧素质训练的时间

通常情况下,在任何时间都可以参加田径柔韧素质的训练,只是时间不同可能训练的效果有一定的差异。通常来说,早晨进行柔韧素质训练的效果会有明显降低,所以早晨可做一些强度不大的"拉韧带"的练习。一日之中在10～18时人的体能表现出的柔韧素质比较好,此时可进行一些强度较大的柔韧性练习。需要注意的是,训练的时间不宜过长,要结合自身的实际情况适当安排。

(三)柔韧素质训练要保持持久性

要想取得理想的田径柔韧素质训练的效果,短时间内是难以实现的。必须要长期坚持训练才能实现既定的目标。如果在经过一段时间的训练后就停止,那么,训练的效果就会逐渐减弱。因此,青少年运动员在进行柔韧素质训练时应遵循循序渐进的原则。在进行肌肉拉伸训练时,往往会有疼痛的现象出现,此时进行拉伸练习时就需要引起重视,不能急于求成,要循序渐进地进行,否则可能会导致拉伤,不利于训练的顺利进行。

第六节　田径灵敏素质习练

一、灵敏素质概述

灵敏素质是指人体所表现出的协调、快速、准确等方面的能力。它也是人体体能素质的重要组成部分,是在力量、速度、耐力、柔韧等素质基础上建立和发展起来的。这一素质对于一些技巧性的运动项目而言有着非常重要的作用。

在田径运动中,灵敏素质也有着一定的作用,灵敏素质得以发展了,其他素质也会相应地发展和提高。一般情况下,影响人体灵敏素质发展的因素有很多,要具体问题具体分析。其中,性别、体型、疲劳程度、运动经验、其他素质水平等都会对人体灵敏素质的发展产生一定的影响。在田径体能训练中,也不要忽略了灵敏素质的训练。

二、田径灵敏素质习练方法

（一）双腿侧向单足跳

在1码宽的标志区内,学生做以下训练。

（1）运动员站在标志区左侧做好准备,等待教练员的开始口令。

（2）双腿蹬伸跳向标志区的另一侧,要确保跳过标志区。

（3）着地后快速跳回原来位置。
（4）连续快速练习5～10次。

（二）六边形跳跃
（1）在场地内标出六边形,边长可以根据实际合理地确定。
（2）运动员站在六边形的中心,面对指定方向。
（3）面对指定方向时,双脚跳出六边形的每边。先后进行顺时针和逆时针跳跃,教练员在一旁做好计时工作。

（三）20码往返跑
（1）运动员两腿成开立姿势,做好充分的准备,听口令跨过起始线。
（2）运动员向右转身,快跑并用右手触摸5码远的一条线。
（3）运动员转回左边,跑过10码距离,并用左手触摸远处线。
（4）运动员转回右边,跑过5码距离,穿过起始线完成练习。

（四）8字形跑
（1）在平整的场地上放置两个间距为5～10码的扁平锥桶。
（2）运动员做好准备,两腿成开立姿势。
（3）运动员听口令在两锥桶间做8字形跑,转弯时用手心碰触每一个锥桶。

（五）蛇形跳
（1）运动员做好准备,两腿成开立姿势。
（2）进行一系列的直角转弯跳,并保持两脚一起。
（3）跳跃前进方向为:正前方、右方、正前方、左方、正前方等。
（4）跳起时必须转髋。

三、田径灵敏素质习练要点

（一）做好训练前的准备工作
在田径体能训练中,灵敏素质的训练也是一项非常重要的内容。在进行训练之前,为保证训练的顺利进行和避免运动损伤,要充分做好准备活动。充分的准备活动可以使身体得到充分的舒展，使关节得到一定的锻炼，从而为训练的进行提供良好的保障。

一般情况下，运动前的准备活动主要包括一般性准备活动和专项准备活动两大类。一般性准备活动主要是指一些全身性的身体练习，通过各种练习方式，人体代谢水平获得不断提高，同时还能有效地预防运动损伤。后者是指与所从事的体育运动相关的活动练习，一些专业的比赛要进行专门性的准备活动，这是保证比赛顺利进行的重要因素。除此之外，也可以将一般性准备活动和专项准备活动结合起来利用，这样也能取得理想的效果。

（二）注意训练过程的循序渐进

田径灵敏素质的训练要严格遵循循序渐进的基本原则。只有循序渐进地参加运动训练，运动员才能有效地掌握和提高运动技能。在灵敏素质的体能训练中，青少年运动员也理应遵循这一基本原则。

一般来说，人体动作的灵敏性主要取决于脚步的移动动作，脚步移动动作较快就意味着灵敏性较好，反之则不好。青少年运动员在进行灵敏素质训练时，如果训练方法不当或者没有遵循循序渐进的基本原则而急于求成，就容易导致膝、踝关节等损伤，不利于体能训练的顺利进行。因此，一定要注意在灵敏素质训练中坚持循序渐进的基本原则。

第六章 高校田径之走跑类项目教学指导

　　走和跑是田径运动中最基本的运动形式,也是体育锻炼的基本内容和方式。在高校田径课程教学中,走跑类项目是非常重要的教学内容,通过科学组织与实施走跑类项目教学,使大学生掌握走跑类项目的动作和技能,有助于增强大学生体质,并为大学生学习其他运动项目奠定基础。本章主要就走跑类项目的教学展开研究,分别对竞走、短跑和中长跑三个项目的基本知识、技术动作、教学手段以及学习方式展开分析与研究,从而为高校走跑项目教学提供科学的指导。

第一节 走跑类项目概述

一、竞走运动概述

　　竞走是人连续行走的一个田径运动项目,从肉眼观察,在整个行走过程中两脚没有明显腾空。行走过程中,前脚全脚掌着地时,前腿要充分伸直。竞走运动员的比赛成绩以裁判员的技术判罚为准,这是竞走运动的一个重要特征。

产生于英国的竞走运动从 19 世纪开始在西欧一些国家逐渐流行起来,其传入我国是在 19 世纪末,可见我国竞走运动的发展历史十分悠久。在竞走运动中,身体重心上下起伏变化是一个非常显著的特点,而起伏的幅度与运动员的专业水平有关,一般来说,高水平运动员在竞走比赛中身体重心在 2.8～3.8 米之间上下起伏,重心起伏呈轻微的波浪形,基本平直。竞走运动中,小腿前摆、髋与踝关节屈伸以及支撑腿蹬伸等构成的动力条件支撑着人体向前迈步。

看起来较为简单的竞走技术其实并不像想象中的那么简单,竞走技能的形成需要经历一个复杂的过程,而且要不断练习才能对竞走技术有准确、规范及熟练的掌握。在学习与掌握竞走技术的过程中,不是将单一的动作简单掌握就可以了,而是要在不同负荷条件下对竞走技术加以掌握,并不断加以巩固、改进,不断提高技术水平,提升动作质量,只有不断完善与提高技术,才能在比赛中有更好的发挥。因此,在竞走教学与训练中,不仅要学习竞走技术,进行技术练习,还要锻炼其他方面的能力,加强能力训练,并将二者有机结合起来。

二、跑类项目概述

跑类运动内容丰富,包括短跑、中长跑、跨栏跑、障碍跑、接力跑、马拉松等多个项目,下面简要阐述短跑和中长跑两个项目。

(一)短跑概述

纵观国内外的体育发展历史,最古老的项目就是短跑,在田径运动中,短跑是一个基础项目。从公元前 776 年举行的古希腊奥运会开始到后来第 13 届古代奥运会中,短跑都是唯一的比赛项目。从 1896 年第 1 届现代奥运会到现在,现代短跑运动已有百余年的发展历史。在漫长的历史长河中,短跑技术越来越完善,奥运会中短跑比赛的成绩也不断创造出新的纪录,这都表明短跑发展有了质的飞跃。

短跑是体能类项目,主要侧重于力量和速度,具有周期性,强度大,供能方式主要是无氧供能。短跑运动员的肌肉力量、速度决定了其

第六章 高校田径之走跑类项目教学指导

运动成绩,肌肉力量强大,肌肉速度快,则能进入极限强度的肌肉工作状态,从而取得良好的成绩。因此对短跑运动员来说,要提高成绩,就要加强专项力量与专项速度的训练。现代田径运动的发展水平很高,短跑技术有了极大的改进,而且运动场地、器材也不断融入现代科技元素。

短跑技术具有鲜明的特点,主要从摆动技术、后蹬技术以及放松技术中体现出来,下面进行简要分析。

从摆动技术来看,摆动在短跑技术中是非常重要的一个动作环节,摆动效果直接影响短跑技术的发挥效果,因此在快速跑的过程中,身体各部位的协同配合与协调活动很关键,而且肌肉也要在适宜的时机及时进入收紧或放松状态。现代短跑运动对速度的要求越来越快,运动员以髋关节为轴快速摆动的能力直接影响其跑的快慢,要提升这个能力,就要充分利用与发挥摆动力量。

短跑是周期性运动项目,在整个运动过程中,蹬与摆密切结合,支撑姿势与腾空姿势交替出现。短跑运动中跑距最长的阶段是途中跑,这个阶段也是需要运动员以最大速度完成的阶段,在整个途中跑过程中都要保持最大速度,并将最大速度发挥到极致。短跑成绩直接受途中跑技术的影响,尤其是途中跑的摆动技术。因此,要不断提高摆动技术,高质量完成折叠前摆和下压着地这两个关键动作,为提高完成效率和质量,对步频和步幅产生积极影响,要求在途中跑的摆动过程中大腿积极前摆、屈髋。

从后蹬技术来看,在跑动过程中,下肢后蹬则产生与人体重量相抗衡的作用力,这个作用力是人体向前运动的重要推动力。在后蹬环节,要加大下肢后蹬而产生的作用力与推动力,就要增加伸髋力量,而这又需要髋、膝、踝关节积极参与运动。评价后蹬跑技术的好坏时,要参考髋关节的伸展力量、速度和幅度等指标,这也是短跑运动的重要技术特征。

从放松技术来看,优秀的短跑运动员技术能力强,在跑步过程中注意力高度集中,神经系统、肌肉系统协同工作,和谐搭配,机体潜能得到最大程度的发挥,从而将技术动作高质量地呈现出来,运动成绩优异。优秀短跑运动员还很好地掌握了放松技术,这也是短跑技术的一个重要组成部分。运动员在快速跑动时能否将自身的体能更高效地发挥出来,与其是否掌握了良好的放松技术有关。在具备良好放松技术能力的情况下,运动员神经系统和肌肉系统协同配合工作,肌肉适度舒张或收缩,生理机能在运动负荷下做出及时的、恰当的反应,机体各部位协调参与运动,以达到专项技术要求。现代高水平短跑运动员在竞技赛场上取得优异的成绩与其具备良好的协调放松能力息息相关。

(二)中长跑概述

现代中长跑运动是从英国兴起的,这项运动传入我国是在1840年鸦片战争以后。在技术与训练的视角来看,中长跑运动的发展历史也是从自然发展向技术发展、从大运动量训练向多学科综合训练逐渐演进的过程。现代中长跑运动的技术要求主要表现为跑进中动作轻松自然;蹬伸有力,脚有弹性地着地,全程都有较明显的节奏感;人体综合机能和专项运动素质能最大限度地转换为专项技术能力,并不断维持和提高该能力。

现代中长跑技术打破传统模式而达到了很高的发展水平,呈现出新的特征,下面做简要分析。

首先是经济性。原则上来说,中长跑项目的技术与短跑项目的技术基本上没有什么不同。中长跑运动员使用自身综合能量的经济性从根本上决定了其技术水平,只有贯彻经济性原则而使用与发挥能量,才能避免过早出现疲劳症状,才能分配好体力,尤其是控制好速度而顺利跑完全程,取得优异的成绩。中长跑全程不同赛段有不同的速度要求,运动员要在不同赛段根据专项要求而对自己的步频与步长进行调整,控制好各个赛段的速度,这样才能展现出良好的技术能力,这也是评价中长跑技术优劣的重要标准。高水平专业运动员在中长跑中,身体各个部位以自然放松的状态完成相应动作,不同肌肉群在相应的时机收缩或放松,各肌群配合默契,而且不同身体部位、不同运动环节之间的配合也达到高度协调的程度,这样既避免了大量能量的消耗,又取得了良好的效果,满足了经济性的要求。

其次是实效性与合理性。在中长跑中,身体正直或稍向前,头和上身呈一条直线。向前后方向自然摆动双臂。肘关节抬到适当的高度,不能太高,大小臂垂直,手臂摆动与下肢跑动是协调配合的。中长跑的速度由步长与步频所决定。中长跑运动中人体向前运动的实效性取决于技术运用与发挥的合理性。在跑动中,在能量与体力不

第六章　高校田径之走跑类项目教学指导

变的条件下,技术不同,跑速和运动效果也有差异。因此,要特别重视对起跑、加速跑、途中跑、弯道跑以及冲刺跑等各阶段技术的合理运用。

第二节　竞走项目教学指导

一、竞走技术分析

(一)身体姿势

竞走迈步时,身体始终保持正直、放松,骨盆不能前倾或靠后,后背保持平直,如图 6-1 所示。身体纵轴垂直于地面,头部处于自然位置,目视前下方路面。

图 6-1　竞走身体姿势

竞走时要注意避免躯干前屈(图 6-2)或凹背(图 6-3),这都是错误的姿势。

图 6-2 躯干前屈

图 6-3 凹背

(二)髋部动作

髋部动作就像一个发动机,使膝关节和脚加速向前运动。在之后的摆动动作阶段,膝关节赶上向前运动的髋的位置。如此反复,直到完成竞走。当接触地面时,脚后跟稍微超过膝关节。

正确的髋部动作能增加步长(图 6-4)。标准的脚步下落位置如图 6-5a 所示,形成一条直线。一旦髋部动作出现错误,如没有充分做转髋动作或髋部动作受骨盆柔韧性的影响,就会导致脚落在一条直线的两侧(图 6-5b、c),从而影响步长。

图 6-4 髋部动作与步长的关系　　　图 6-5 脚着地位置

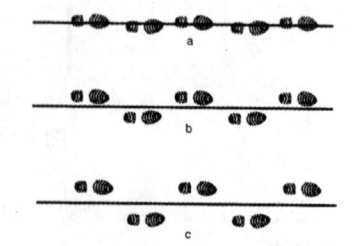

(三)膝关节动作

膝关节在脚跟接触地面的瞬间至支撑腿达到垂直部位时必须伸直(图 6-6)。在恢复摆动时屈膝,因缩短了转动半径而加快了摆动速度。后腿的弯曲直接影响摆动速度和效果。应根据膝关节结构、柔韧性和运动员的力量来决定最佳屈膝时机。初学竞走时,腿由后向前摆动时,容易犯提膝过高的错误,如图 6-7 所示,要注意避免。

图 6-6　膝关节动作

图 6-7　提膝过高

(四)摆臂动作

屈肘角度为 45°～90°,角度相对固定,整个摆臂过程中,肌肉放松。手臂移动路线应从臀后腰带水平位置沿弧线移向胸骨位置,整个手臂的摆动低且放松。手放松,摆臂时手腕伸直,同时呈半握拳状或握拳状。当手摆过臀部时,指尖向内。

（五）脚的动作

脚跟先着地,脚尖跷起,脚触地后,人体开始向前运动,在腿完全支撑体重之前,脚尖一直不着地,脚尖离地的时间与胫外侧肌的力量直接相关。在蹬离地面之前,有一个以腓肠肌引起脚转向垂直的推动力。摆动腿的脚向前靠近,但不是擦地而过。

二、竞走技术教学手段

（一）建立技术概念
（1）对竞走技术的基本特征进行生动形象地讲解。
（2）教师正确示范竞走技术,包括分解示范和完整示范,也可以播放竞走录像或出示图片供学生观察、模仿与学习。
（3）介绍竞走规则。

（二）转髋教学
（1）指导学生绕垂直轴转髋大步走。
（2）指导学生绕前后轴转髋。

（三）腿部动作教学
（1）指导学生慢速直腿走。
（2）指导学生快速直腿走。
（3）指导学生慢速和快速交替直腿走。

（四）摆臂动作教学
（1）指导学生进行原地摆臂练习。
（2）指导学生做两臂和肩部相互配合的竞走练习。

（五）完整技术教学
（1）指导学生以各种速度完成完整的竞走技术。
（2）指导学生在不同地形完成完整的竞走技术。

三、竞走技术学习指导

（一）学习重点与难点

1. 学习重点

（1）对双支撑阶段的技术动作熟练掌握。
（2）对支撑腿伸直的技术予以掌握。
（3）掌握平稳向前移动重心的方法。

2. 学习难点

（1）协调放松地完成技术动作。
（2）根据自身实际情况选择适宜的竞走距离，以适宜的速度完成竞走。

（二）学习方法

1. 对正确、完整技术的体会

（1）学习目的
对完整的竞走技术动作予以体会，掌握完整技术。
（2）学习方法
在教师的指导下进行竞走练习，距离大约100米左右。教师进行示范，学生观察并模仿完成练习。
（3）学习要求
学生练习过程中集中精神体会正确的动作，练习时大脑也要思考，而且身体各部位要协调运动，保持适宜的速度，放松、自然地完成动作。

2. 专门练习

（1）持续走
①练习目的
对完整的竞走技术予以体会与掌握。
②练习方法
在1500米左右的直道上持续竞走，不能间断。

③练习要求

第一,迈大步,身体放松,动作协调。

第二,整个过程完整、连贯、自然。

第三,运动负荷以每分钟心率160次左右为宜。

(2)摆腿走

①练习目的

掌握竞走摆腿技术。

②练习方法

进行反复摆腿走练习,距离为80米左右,练习时小腿在大腿的带动下摆动,膝关节领先在前。

③练习要求

动作自然放松,完成后蹬动作后摆腿时脚尖与地面靠近。

(3)直腿着地走

①练习目的

对支撑腿伸直并支撑重心的技巧予以体会并掌握。

②练习方法

第一,进行100米距离的竞走,体会支撑腿着地支撑重心的感觉。

第二,以不同的速度完成竞走练习,体会脚跟先着地,并逐渐向全脚掌着地过渡的过程。

③练习要求

灵活调整速度,将不同速度的练习组合起来,支撑脚着地时要及时将支撑腿充分伸直。

(4)前交叉步

①练习目的

掌握转髋动作。

②练习方法

在100米的直道上竞走,体会髋沿垂直轴转动大步走。

③练习要求

髋积极扭动,身体重心随着髋部的扭动而稳定前移。

(5)手臂伸展前后摆臂走

①练习目的

掌握摆臂动作。

②练习方法

竞走距离大约100米,走动过程中手臂充分伸展,前后摆动。

③练习要求

第一,增加摆动幅度,轻松摆臂。

第二,直臂摆动和屈臂摆动交替练习。

(6)重复走

①练习目的

掌握正确的竞走技术。

②练习方法

间歇竞走1000米左右,以大强度为主。

③练习要求

速度均匀,不要突然加快或减慢速度,一段距离后休息片刻。

(7)间歇走

①练习目的

掌握正确的竞走技术。

②练习方法

间歇竞走,距离为400米左右,以大强度为主,重复练习数次。

③练习要求

间歇时间以2分钟左右为宜,可以在原地休息,也可以采取慢走的休息方式来放松身体。

(8)放松大步走

①练习目的

掌握转髋动作。

②练习方法

第一,沿前后轴转髋竞走,步幅大,重心顺势移动,支撑腿要充分伸展,距离80米左右,重复练习。

第二,摆动腿同侧髋下沉、上提相互交替完成竞走练习,距离100米左右,重复练习。

③练习要求

充分伸展支撑腿,在垂直阶段,摆动腿一侧的髋和膝比支撑腿一侧的髋和膝低。

第三节　短跑项目教学指导

一、短跑技术分析

（一）起跑技术

蹲踞式起跑分"各就位""预备""鸣枪"三个阶段。

1. 各就位

听到"各就位"口令时，走到起跑器前，俯身两手撑地，两脚依次蹬在起跑器的前后抵趾板上，后腿膝盖跪撑，两手呈"八"字形撑在起跑线后沿，身体重心位于两手两脚支撑点中央，稍弓身，集中注意力等待下一个口令（图6-8）。

图6-8　就位

2. 预备

听到"预备"口令后，臀部平稳抬起，肩向前移，重心前移，双臂有力支撑，压紧起跑器抵趾板。此时，前腿膝关节夹角约为90°～100°，后腿膝角约为110°～130°，集中注意力静等鸣枪（图6-9）。

图 6-9 预备

3. 鸣枪

听见枪声响后,手迅速离地,两臂屈肘快而有力地前后摆动,同时两腿迅速蹬离起跑器,屈膝快而有力地向前摆动,身体前倾(图 6-10)。

图 6-10 起跑

(二)加速跑技术

起跑后加速跑技术要求:前倾角适宜,蹬摆迅速有力,逐渐加大步长、加快步频。加速跑的最初几步速度较慢,两脚沿两条直线着地,随着速度的加快,脚的着地点逐渐靠近,直至在一条直线上(起跑后10～15米处)。

（三）途中跑技术

途中跑时，身体稍前倾，两臂以肩为轴，以肘用力（屈肘约 90°），手掌伸出做快而有力的摆动。前摆时肘关节弯曲 60°～70°，后摆时肘关节角度可达 130°～140°。大腿带动小腿自然有力地快速摆动，前脚掌扒式着地，两腿蹬摆与两臂摆动协调配合，目视终点（图 6-11）。

图 6-11　途中跑

（四）弯道跑技术

1. 弯道起跑

弯道起跑技术要求有力地蹬腿、摆臂，迅速起动。起跑时，右手撑在起跑线后，左手撑在起跑线后约 5～10 厘米处，使身体正对切线方向（图 6-12）。

图 6-12　弯道起跑

2. 弯道起跑后加速跑

弯道起跑后加速跑技术要求前倾角适宜，蹬摆有力，步幅渐增，重心渐抬，渐成直线，保持身体平衡。

3. 弯道途中跑

从直道进入弯道跑时，身体应有意识地向内倾斜，进入弯道跑后，后蹬时，右脚前脚掌内侧用力，左脚前脚掌外侧用力。大腿前摆时，右膝关节稍向内，摆动幅度比左膝大，左腿前摆时，应稍向外。右臂摆动幅度大于左臂，前摆时稍向左前方，后摆时右肘关节偏外，左臂稍离躯干做前后摆动。弯道跑时的蹬地与摆动方向都应与身体向圆心方向倾斜趋于一致。从弯道跑进直道，应在弯道的最后几米，身体逐渐减小内倾程度，并自然跑2～3步后转入正常途中跑。

（五）终点跑技术

到达终点加速摆臂，上体适当前倾，加强后蹬和两臂摆动的力，最后一步加大躯干前倾以胸部冲过终点线。撞线后注意缓冲，不要突然停止。

二、短跑技术教学手段

（一）讲解短跑技术知识，建立技术概念
（1）讲解短跑技术的特点和发展趋势。
（2）教师正确示范短跑技术，包括分解示范和完整示范，也可以播放短跑录像或出示图片供学生观察、模仿与学习。

（二）直道途中跑技术教学
（1）指导学生学习摆臂技术。
（2）指导学生进行慢跑练习。
（3）指导学生以中等速度反复跑60～100米。
（4）指导学生大步幅反复跑60～100米。
（5）指导学生进行从慢到快均匀加速跑60～80米。

（6）指导学生进行变换节奏加速跑 80~100 米。
（7）指导学生进行行进间跑练习。

（三）起跑和加速跑技术教学
（1）传授起跑器安装方法。
（2）指导学生学习起跑和加速跑技术，使学生正确体会动作。
（3）指导学生学习加速跑接途中跑技术。
（4）指导学生学习弯道起跑、起跑后加速跑技术。

（四）弯道跑技术教学
（1）指导学生沿半径为 10~15 米的圆圈依次慢跑、中速跑、快跑，体会在不同跑速条件下身体姿势的变化。
（2）指导学生学习从直道进入弯道的技术。注意即将进入弯道时蹬地和摆臂力量要适度加大。
（3）指导学生从弯道进入直道的技术。注意即将转入直道跑时及时挺身，顺惯性进入直道。
（4）传授全弯道跑技术，体会上下弯道的紧密衔接感。

（五）终点跑技术教学
（1）指导学生学习终点撞线技术，提醒学生胸部撞线后要随惯性继续跑几步，放慢速度，不要立刻停下休息。
（2）组织学生以小组为单位进行练习。
（3）指导学生学习完整的终点跑技术，注意最后冲刺的重要性，冲刺时身体继续前倾，摆臂力量和速度加大。

（六）改进技术
（1）要求学生反复练习完整的短跑技术，将各个技术环节连贯衔接起来，使整个动作更自然、规范。
（2）组织测试，评价学生的技术达标情况，并根据评价反馈改进教学方案，不断优化与提高教学效果。

三、短跑技术学习指导

（一）学习重点与难点

1. 学习重点

（1）短跑技术的专门练习。
（2）途中跑技术。
（3）弯道跑技术。

2. 学习难点

（1）途中跑技术。
（2）放松技术。

（二）学习方法

1. 对正确、完整技术的体会

（1）学习目的
对完整的短跑技术动作予以体会，掌握完整技术。
（2）学习方法
在教师的指导下进行短跑练习，距离大约100米左右。教师进行示范，学生观察并模仿完成练习。
（3）学习要求
学生练习过程中集中注意力体会正确的动作，大脑积极思考，身体各部位协调运动，以超速度跑动。

2. 专门练习

（1）摆臂（图6-13）
①练习目的
掌握正确的摆臂姿势，促进摆臂效率的提升。
②练习方法
两脚并立，双臂前后摆动，大小臂基本垂直，两手处于放松状态。前摆和后摆的适宜高度分别是肩部高度和臀部后面。

③练习要求

摆臂动作不要越过身体中线。

图 6-13 摆臂

（2）跑步动作平衡（图 6-14）

①练习目的

促进踝关节肌肉群的发展。

②练习方法

在速度达到最大时保持单腿支撑姿势，左脚脚掌支撑重心，抬右腿使右脚向臀部靠近，两臂屈肘至大小臂垂直。左手和右手分别在肩部和髋部高度。该姿势保持 45 秒左右。

③练习要求

单腿稳定支撑，身体不要明显晃动。

图 6-14 跑步动作平衡

（3）助力起跑（图 6-15）

①练习目的

加大步频，打破速度障碍。

②练习方法

将一条胶带的两端分别系在练习者和同伴的腰部,二人间隔3～5米的距离,同伴将胶带拉紧助力练习者起跑。

③练习要求

在胶带牵引下起跑。

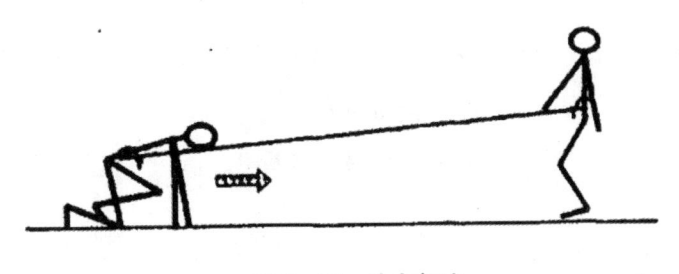

图 6-15 助力起跑

第四节 中长跑项目教学指导

一、中长跑技术分析

(一)起跑技术

1. 半蹲式起跑

在起跑线后,有力的脚在前站在起跑线后沿,另一脚向后站立,前腿的异侧臂支撑地面,支撑地面的手将拇指与其他四指分开成"八"字形撑在起跑线后沿,另一臂放在体侧。身体重心落在支撑臂与前腿上(图 6-16)。

图 6-16　半蹲式起跑

2. 站立式起跑

在起跑线后,两脚前后开立,前脚跟和后脚尖之间的距离约为一个脚掌长,体重大部分落在前脚掌上,后脚用脚尖支撑站立。两腿弯曲,上体前倾,头部稍抬(图 6-17)。听到鸣枪或"跑"的口令时,两脚用力蹬地,后腿蹬地后迅速前摆,前腿充分蹬直,两臂配合两腿动作快而有力地摆动,快速跑出。

图 6-17　站立式起跑

(二)加速跑技术

上体前倾稍大,迅速而积极地摆腿、摆臂和后蹬。加速跑的距离主要根据项目、个人特点与比赛情况而定。

（三）途中跑技术

1. 上体姿势

上体近乎垂直或稍前倾，胸微挺，腹微收，头部自然与上体成一直线，颈部放松，眼平视。整个躯干姿势自然而不僵硬。

2. 腿部动作

（1）后蹬和前摆

后蹬动作要求迅速而积极，依次伸展髋、膝、踝三关节，后蹬角度一般为55°左右。当摆动腿通过身体垂直部位继续向前摆动时，支撑腿的各关节要迅速伸直。在后蹬结束时，后蹬腿完全伸直，上体、臀部与后蹬腿几乎成一直线，摆动腿小腿与蹬地腿成平衡状态。前摆的动作方向与后蹬相反，其动作方向为：踝、膝、髋。当支撑腿后蹬的同时，摆动腿前摆。前摆时，小腿应自然放松，依靠大腿的前摆动作，膝关节领先并带动髋部向前上方摆出。

（2）腾空

后蹬腿蹬离地面后，人体进入腾空阶段。后蹬腿大腿向前上方摆动时，膝关节放松，小腿顺惯性与大腿自然折叠。当摆动腿的大腿摆至与地面垂直时，骨盆向摆动腿一侧下降，摆动腿的膝关节低于支撑腿的膝关节。

（3）落地

当摆动腿前摆结束时，大腿开始向下运动，膝关节随之自然伸直，用前脚掌在离身体重心投影点的前方约一脚到一脚半处着地。前脚掌着地后，膝关节稍稍弯曲，进入垂直支撑时，再过渡到全脚掌着地。着地时，脚尖向前，两脚足迹内缘要在一条线上。

3. 摆臂动作

臂的摆动应和上体及腿部动作协调一致。两臂稍离开躯干，肘关节自然弯曲，约成直角，半握拳，两肩下沉，肩带放松，以肩为轴前后自然摆动，前摆稍向内，后摆稍向外。

（四）弯道跑技术

弯道跑时身体适当向左倾斜，跑速越快向左倾斜的程度越大。摆臂时,右臂向前摆的幅度稍大,前摆是稍向内,左臂后摆幅度稍大。摆动腿前摆时,右膝前摆应稍向内扣,左膝前摆稍向外展。脚着地时,右腿用前脚掌内侧着地,左腿用前掌外侧着地。应靠近跑道的内沿跑。

（五）终点跑技术

终点跑的距离要根据项目特点、训练水平、战术需要以及比赛具体情况而定。一般情况下,800米可在最后300~200米,1500米在最后400~300米,3000米以上可在最后400米或稍长的距离开始终点冲刺跑。

二、中长跑技术教学手段

（一）讲解中长跑技术知识,建立技术概念
（1）讲解中长跑技术的特点和发展趋势。
（2）教师正确示范中长跑技术,包括分解示范和完整示范,也可以播放中长跑录像或出示图片供学生观察、模仿与学习。

（二）起跑和加速跑教学
（1）指导学生掌握不同的起跑方式。
（2）传授起跑后的加速跑技术,并进行各种加速跑练习,提醒学生在练习中积极摆臂和后蹬。

（三）途中跑技术教学

1. 直道途中跑

（1）指导学生进行匀速慢跑和加速跑练习。
（3）指导学生进行加速跑→惯性跑→加速跑→惯性跑的练习。
（4）指导学生进行走跑交替练习或中速与慢速结合的变速跑练习。

2. 弯道途中跑

（1）指导学生进行圆圈跑练习。

（2）指导学生进行弯道加速跑练习。

（3）指导学生进行由直道进入弯道、由弯道进入直道的变道练习。

（四）完整技术教学

（1）监督学生反复练习，使其熟练掌握完整的中长跑技术，不断提高速度和耐力水平。

（2）通过测试发现学生的问题，及时帮助学生改进与完善动作。通常女生的测试距离是 800 米，男生是 1500 米，具体要根据学生的实际情况而定。

（3）帮助学生制订适宜的跑步计划，培养学生的跑步习惯。

三、中长跑技术学习指导

（一）学习重点与难点

1. 学习重点

（1）分解动作练习与完整动作练习有机结合，掌握跑步技术与发展耐力相结合。

（2）完整技术练习与耐力练习相结合。

2. 学习难点

（1）协调放松地跑完全程。

（2）在不同跑段调整速度。

（二）学习方法

1. 对完整技术的学习与体会

（1）学习目的

对完整的中长跑技术予以体会。

（2）学习方法

听教师的讲解，观察教师的示范，以大强度进行模仿练习，距离根据自己的情况而定。

（3）学习要求

练习时注意记好时间，不断提高速度。

2. 专门练习

（1）法特莱克速度游戏

①练习目的

发展有氧耐力。

②练习方法

在不同地形条件下进行慢跑、快跑、匀速跑、加速跑等各种跑的交替练习。

③练习要求

在过渡训练阶段多采用该练习。

（2）高原训练

①练习目的

提升有氧耐力和无氧耐力。

②练习方法

模仿高原环境进行中长跑训练或在真实的高原条件下进行训练，一般在海拔1600米以上的高原进行系统训练。

③练习要求

高原练习消耗大量能量，注意及时补充能量，消除疲劳。

第七章 高校田径之跳跃类项目教学指导

在高校田径教学中，除了走跑类的项目之外，跳跃类项目也是非常重要的教学内容。跳跃类项目在高校中的开展受到很多学生的欢迎与喜爱，因为这些项目本身的趣味性较强，练习形式多样，能够给学生带来新鲜感，也能激起学生良好的挑战精神。跳跃类项目对学生的速度、力量以及柔韧性、灵敏性等都有着非常高的要求，具有很强的技巧性特点，因此，对于学生来说，要想体会跳跃类项目的魅力、提升自己的专项运动能力和成绩，必须经过良好的教学指导。本章首先对跳跃类项目的基本知识进行了阐述，然后重点对跳远、三级跳远、跳高、撑竿跳高项目教学指导进行了详尽的阐析，从而为学生提供科学的理论与学习指导，引导学生更加积极、主动地参与到高校田径教学活动中。

第一节　跳跃类项目概述

一、跳远项目概述

(一)跳远概述

跳远是一个历史悠久的田径运动项目,早在古希腊奥运会上,就已经设有跳远项目的比赛。跳远,也被称为"急行跳远",具体来说,就是在助跑道上沿直线助跑,在跑进中用单脚起跳腾空,最后双脚落入沙坑的田径运动项目。在比赛中,跳远的名次取决于跳的远度。

关于跳远的重大赛事也有很多,比如,国际跳远运动重大赛事主要有奥运会中的跳远比赛、世界田径锦标赛跳远比赛;亚洲跳远运动重大赛事主要有亚运会中的跳远比赛、亚洲田径锦标赛跳远比赛;中国跳远运动重大赛事主要有全国田径锦标赛跳远比赛等。

跳远在田径运动中还是一项普及性非常强的大众运动项目,有着广泛的群众基础。

相较于其他田赛运动项目来说,跳远运动的技术是相对较为简单的,人们容易掌握,但是,要想跳得很远并不容易,其对参与者的速度和弹跳力,以及协调和平衡能力都有着非常高的要求。跳远最终目的是要通过自身的能力,运用助跑和起跳,把整个身体"抛射"到最远的水平距离,并且要平稳地落在所规定的沙坑里。因此,这就要求参与者必须掌握正确的技术,完成一系列的技术要求。

跳远技术的具体形式有三种,即蹲踞式跳远、挺身式跳远和走步式跳远。一般来说,初学者大都是从蹲踞式跳远入门的,而优秀运动员则大都采用走步式跳远技术。走步式跳远技术和起跳衔接最紧密,空中动作也自然流畅。

(二)三级跳远概述

三级跳也被称为三级跳远,是田径运动项目中发展较晚的一个项目。三级跳远是在助跑以后沿直线连续进行三次跳跃的一项运动。

三级跳远是由单脚跳、跨步跳和跳跃组成的。具体来说,即单脚跳,起跳腿落地后再起跳的跨步跳,摆动腿落地起跳的跳跃,用双脚落于沙坑。三级跳远的锻炼价值与跳远运动是一样的。

在出现目前正式比赛的三级跳远之前,就曾有过多级跳远(四级、五级)的竞赛。早在1896年第一届现代奥运会中就将三级跳远列入正式比赛项目。

三级跳远的成绩也受到很多因素的影响,其中,起到决定性影响的因素主要是助跑时所获得的水平速度和起跳产生的垂直速度。除此之外,每一个动作完成的质量,维持身体平衡的能力和三跳的比例也会对运动成绩产生一定的影响。对于三级跳远来说,需要解决的一个重要问题,就是如何减少水平速度的损失而又获得合理的垂直速度。

目前,男子和女子三级跳远运动均为奥运会的正式比赛项目,三级跳远运动所受到的关注程度越来越高,未来的发展前景良好。

二、跳高项目概述

(一)跳高概述

在田径运动中,跳高属于田赛运动的重要项目之一,具体来说,可以将其理解为,是人体通过助跑、起跳、腾空、落地一系列动作形式跳越高度障碍的运动。

田径运动是很多重大国际、国内赛事的重要比赛项目,比如,世界跳高运动比赛有奥运会跳高比赛、世界田径锦标赛跳高比赛等;亚洲跳高比赛主要有亚洲田径锦标赛跳高比赛;中国跳高运动比赛主要有全国田径锦标赛跳高比赛、全运会跳高比赛等。一般的,跳高运动的成绩受到很多因素的影响,比如主要的有起跳时人体重心的高度、蹬离地面瞬间腾起的初速度、腾起角度和过杆动作的合理性。

跳高本身是一个技术性很强的田径运动项目,且技术发展变化较快。最早的跳高雏形是在草地上的两根柱子之间拉上一根绳子,竞赛者面对绳子,正面跑过去然后屈腿跳过绳子,看谁跳得高,没有正规的姿势要求,后来就出现跨越式、剪式、滚式、俯卧式和背越式等各种跳高技术。

(二)撑竿跳高概述

撑竿跳高起源于古代人类利用木棍、长矛等撑越障碍的活动。目前,已经将其理解为一项运动员经过持竿助跑,借助撑竿的支撑腾空,在完成一系列复杂的动作后越过横杆的运动。

对于撑竿跳高运动员来说,往往要求其具备非常全面的运动能力。一般的,一名优秀的撑竿跳高运动员,必须重点发展自身良好的短跑和跳远技术,具备体操运动员的能力,以及在特定条件下参加可能超过三个小时比赛的能力,最后,还必须具备一种好奇、探究和不畏恐惧的态度。

关于撑竿跳高运动的重大赛事也有很多,比如,国际撑竿跳高比赛主要有奥运会撑竿跳高比赛、世界田径锦标赛撑竿跳高比赛等;亚洲撑竿跳高比赛主要有亚洲田径锦标赛撑竿跳高比赛;中国撑竿跳高比赛主要有全国田径锦标赛撑竿跳高比赛等。

撑竿在撑竿跳高运动中起到非常重要的作用。当前,所用到的主要是玻璃钢撑竿,其主要特点是,能在运动员跳跃时产生大幅度的弯曲,这种弯曲为握竿高度和腾越高度的增加提供了可能性。

第二节 跳远项目教学指导

一、跳远技术分析

(一)助跑技术

1. 助跑的方法

从静止状态开始,一般采用两腿微曲、两足左右平行站立的"半蹲式",或两腿前后分立的"站立式"起动姿势。或者走几步或走跳步结合踩上第一个标志点,行进间开始的起动。采用积极加速或者逐渐加速的方式(图7-1)。

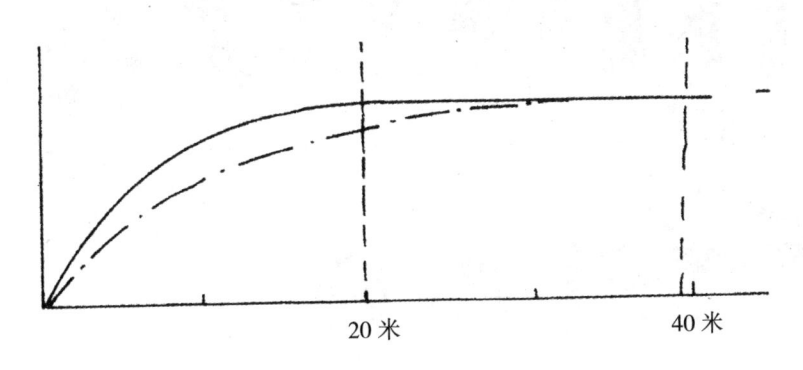

图7-1 跳远助跑

(二)起跳技术

起跳腿全脚掌迅速着地,快速蹬伸起跳腿,同时摆动腿并快速摆起两臂,眼看前方。

(三)空中(腾空)技术

身体腾至最高点时,起跳腿屈膝收起向摆动腿并拢,在空中成蹲踞动作,要落地时,两腿积极前伸。空中(腾空)技术主要有三种,一种是蹲踞式(图7-2),一种是挺身式(图7-3),还有一种是走步式(图7-4)。

图7-2 蹲踞式跳远

图 7-3　挺身式跳远

图 7-4　走步式跳远

（四）落地技术

落地时，身体前倾，屈膝缓冲，双脚同时落地保持平衡，两臂后摆。

其具体又可以分为折叠式落地法和滑坐式落地法两种形式。

二、跳远技术教学手段

（一）了解跳远的一般知识

教师通过讲解，使学生对跳远的一般知识有所了解，同时，对学生提出学习跳远技术的要求，将学生学习跳远技术的积极性和主动性充分调动起来。

（二）学习助跑技术

对跳远助跑技术的教学，采用的教学手段主要有：不同距离的加速跑练习，不同距离的行进间跑练习，计时跑练习，固定助跑步数的高频率行进间跑练习，在跑道上做8～12步助跑练习，设立标志物的助跑练习，体会助跑节奏的练习，全程助跑练习等。由此，来对助跑技术有一个全面的了解和认识。

（三）学习起跳技术

学习起跳技术用到的教学手段主要有：原地模仿起跳技术练习、行进间起跳练习、小步跑起跳练习、4～6步助跑"腾空步"练习、利用坡板做短助跑起跳练习、短程助跑"腾空步"练习、不同节奏的助跑接起跳练习等。

（四）改进和完善助跑与起跳相结合技术

这个阶段要重点掌握好快速助跑与快速有效的起跳动作相结合的技术，发展与助跑速度相适应的快速起跳能力。

（五）学习并掌握空中与落地技术

在空中与落地技术的教学中采用的教学手段主要有：原地模仿练习、利用双杠做空中动作模仿练习、增加起跳高度做空中技术模仿练习、短程助跑接空中技术练习、中程助跑起跳空中技术练习、模仿着地技术练习、全程助跑跳远练习。

（六）巩固和提高完整的跳远技术

（1）丈量全程助跑的步点，做全程助跑的蹲踞式、挺身式跳远练习，全面巩固和提高技术。

（2）以每个学生的具体情况为依据，分别采用相应的有效手段，巩固和提高各技术环节的技术。

（3）组织跳远教学比赛。

三、跳远技术教学指导

（一）跳远技术教学重点与难点

1. 跳远技术教学重点

跳远技术教学重点主要是指起跳技术。

起跳技术在跳远技术中是处于重要的关键环节的。其主要任务是改变人体运动方向。如果没有良好的起跳技术，人体就无法获得一定的远度和高度，因此，一定要通过各种教学方法和手段来提升学生的起跳技术水平。

2. 跳远技术教学难点

跳远助跑技术教学难点主要是指助跑与起跳相结合技术。

跳远助跑技术能够使人体跳过尽可能远的远度。人体跳跃的远度，决定着跳远的水平，而快速的助跑速度与有力的起跳蹬伸的结合技术，则是人体跳跃远度的重要环节。

（二）跳远技术学习要点提示

1. 助跑技术学习要点

（1）助跑速度一定要加快，准确踏上起跳板。同时，身体重心移动轨迹要平稳，保持跑的直线性。

（2）跑的节奏要稳定，助跑节奏要是积极的。

（3）要逐渐加快助跑速度。

2.起跳技术学习要点

（1）起跳时，蹬摆协调配合，摆动动作要积极快速地向前上方摆出，并以髋带动大腿，迅速、大幅度地前摆。

（2）起跳时要做到抬头挺胸，上体正直，髋、膝、踝三个关节要充分蹬直、伸展，上下肢之间的配合要协调。

3.腾空落地技术学习要点

（1）不管腾空姿势是怎样的，都必须保持身体重心在空中的平衡，保持抬头、挺胸姿势。落地前要做好充分的准备工作。

（2）在着地前，双臂要快速向后方摆动，尽量减小双腿与地面的夹角，在双腿接触沙面的瞬间，及时屈膝缓冲，使身体迅速移过落地点。

第三节　三级跳远项目教学指导

一、三级跳远技术分析

（一）助跑技术

三级跳远的助跑和跳远基本相似，一般跑18～22步，助跑距离35～40米。

三级跳远助跑的技术要点为：起动迅速、重心平稳、步点准确、节奏性强。

（二）单足跳（图 7-5）

图 7-5　单足跳

起跳时，运动员助跑后应连续作 3 次不同形式的跳跃，用起跳腿落地，这个动作的关键是左脚起跳，右脚带动左脚向前飞跃。

（三）跨步跳

用摆动腿落地，第二个动作的要领是向前拉，为第三个动作做准备。

（四）跳跃

这个动作的动作要领是必须用双脚落入沙坑。

二、三级跳远技术教学手段

三级跳远的技术比较复杂，练习强度大，宜采用完整和分解技术相结合的方法。教学的前段主要简化练习手段，降低练习强度。

（一）了解三级跳远的技术特点

（1）通过录像、幻灯、技术图片、电影等直观方法，来将暂时的感观印象建立起来。

（2）做好完整技术的三级跳远动作示范。

（3）做好完成原地起跳的三级跳远模仿练习。

（4）做好完整的三级跳远动作体会练习。

第七章 高校田径之跳跃类项目教学指导

（二）学习助跑起跳技术

可以通过各种距离的加速跑练习、计时跑练习、行进间跑练习、原地模仿"扒地"动作练习、行进间起跳练习、短程助跑起跳练习、全程助跑起跳练习等，来掌握助跑起跳技术。

（三）学习第一、二跳结合技术

（1）原地或行进间的单足跳练习，原地或行进间的单足跳—跨步跳练习，以此来对跳的技术有所感受。

（2）4~6步助跑的单足跳练习，简单体会跳的感觉。

（3）短程助跑起跳第一、二跳练习等方式，对第一、二跳结合技术有整体上的体会，并进一步学习掌握。

（四）学习第二、三跳结合技术

（1）各种距离的跨步跳练习，初步体会跳的感受。

（2）4~6步助跑起跳跨进沙坑练习，4~6步助跑单足跳—跨步跳练习，短程助跑起跳单足跳—跨步跳练习，做好连续跳的准备。

（3）短程助跑三级跳远练习，中程助跑三级跳远练习，完整技术练习等，来学习和掌握第二、三跳结合技术。

（五）掌握和提高完整的三级跳远技术

（1）按标志练习三级跳远，并保证一定的比例。

（2）10~12步助跑完成三级跳远练习，以此来增强感觉和提高支撑能力。

（3）全程助跑完整技术的三级跳远练习。不断完善技术动作，这对于形成良好的节奏与合理的三跳比例也是有利的。

（4）按限定比例进行的三级跳远练习。能够有效改进或提高某一跳的技术或能力。

三、三级跳远技术学习指导

(一)三级跳远技术教学重点与难点

1. 三级跳远技术的教学重点

三级跳远技术的教学重点主要是指助跑接第一跳的衔接技术。

三级跳远项目也有着显著特征,即使人体通过快速的助跑和有力的起跳,跳过尽可能远的远度,这与跳远的特征是基本相同的。人体运动所能达到的预想的远度,很大程度上取决于快速的助跑和有力的起跳。另外,如果第一跳完成不好,后面两跳技术就无法进行。所以,三级跳远技术教学重点是助跑接第一跳的衔接技术。

2. 三级跳远技术的教学难点

三级跳远技术的教学难点,主要是指三跳过程中水平速度的保持率及各次起跳产生的垂直速度。

三级跳远技术与跳远技术之间是有所差别的,具体来说,是借助助跑所获得的水平速度,通过一次起跳动作,获得最佳的跳跃远度,而且需要做三次起跳动作,由于助跑中获得的水平速度在三跳过程中不断降低,所以力求减少水平速度的损失而又能获得合理的垂直速度是三级跳远技术中要解决的重要问题。因此,在三个连跳的每一跳中,保持每一跳的水平速度是三级跳远技术教学中都会面临的一个难点。

(二)三级跳远技术学习要点提示

1. 助跑技术学习要点

(1)固定起跑姿势和稳定的加速方式,全程助跑动作要轻松、自然、节奏明显,尤其要保证最后几步助跑节奏的稳定性。

(2)以学生的加速能力为依据确定助跑的距离,助跑时身体重心平稳,跑得有弹性,在助跑最后一步时,要力争达到较高的水平速度。

(3)助跑最后几步一定要保持较高的身体重心,上体正直或稍前倾,积极加快上板速度,摆动腿和两臂,配合起跳腿积极摆动。

(4)助跑最后一步,起跳腿可以适当低一些,但摆动腿和两臂的摆动方向更加向前。

2. 第一跳(单足跳)技术学习要点

(1)起跳腿积极、自然踏上起跳板,起跳脚落地扒地积极,尽量保持水平速度,身体保持正直或前倾状态。

(2)起跳脚着地后,要迅速做屈膝缓冲,接着进行爆发性的蹬伸,同时摆动腿大腿和两臂迅速向前上方做大幅度摆动。

(3)起跳结束后,大小腿尽快折叠,以膝领先向前上方摆出,摆动腿自然协调向后摆动,接着摆动腿大腿带动小腿向下、向后摆动,同时起跳腿屈膝向前摆动,小腿自然下垂,完成换步动作,交换时要在身体重心下方交换,两腿交换要做到协调、有力,时机要适宜。

(4)不管采用的摆臂姿势是怎样的,都要做到协调配合,摆臂的力量与躯干和腿的用力要一致。

3. 第二跳(跨步跳)技术学习要点

(1)起跳腿要积极下压,做有力的扒地动作,同时摆动腿和两臂有力地向前上方摆动,要注意摆动幅度大,蹬摆之间的配合要协调。

(2)起跳后保持较长时间的腾空步姿势,摆动腿大腿继续向上高抬,起跳腿自然弯曲,两大腿之间的夹角变大。

(3)一定要保持身体在空中的平衡状态。

4. 第三跳(跳跃)技术学习要点

(1)起跳腿要积极扒地,通过剩余水平速度的利用,尽量提高垂直速度,向前上方跳起,从而使水平速度不足的问题得到弥补。

(2)抬头挺胸,上体保持正直,加大摆动幅度,上下肢协调配合。尽量增大适宜的腾起角,提高垂直速度。

(3)起跳结束瞬间,起跳腿髋、膝、踝三关节充分伸直,并与上体成一条直线,起跳角和腾起角也要比前两跳稍大一些。

第四节 跳高项目教学指导

一、跳高技术分析

（一）背越式跳高技术分析

1. 助跑技术

背越式跳高的助跑是弧线助跑，一般用 8～12 步完成。全程助跑可以分为两段，其中后段助跑尤为重要，通常跑 4～6 步。

弧线助跑的步点及助跑路线，通常采用比较简便的"走步丈量"法确定。背越式跳高的弧线助跑路线（图 7-6）。

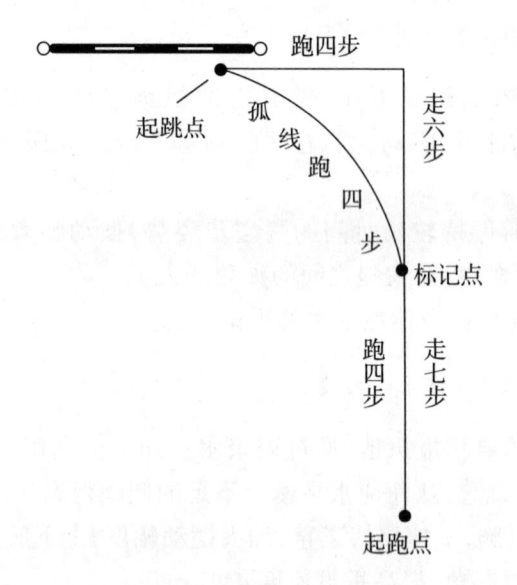

图 7-6 背越式跳高助跑

前段的直线助跑基本上采用普通的加速跑，但运动员心理上应有向弧线过渡的准备。转入弧线助跑时，身体应向圆心方向倾斜，类似于弯道跑技术，重心不应起伏太大。

2. 起跳

倒数第二步采用"硬撑式"的快速摆动,摆动腿向上稍内屈摆动,膝比踝靠内,摆动侧髋高于起跳侧髋,起跳腿积极着地,肩侧背对横杆(图 7-7)。

图 7-7 起跳动作

3. 过杆与落地技术

以头与脊椎冲击轴向横杆上方,头部过杆后。两臂也由肩上方开始向身体两侧下放,当胸部过杆后,积极向上顶髋,两小腿放松下垂,杆上成"桥"的动作。大腿过杆后,以大腿带小腿做甩小腿的动作,低头屈肩伸膝肩背着垫(图 7-8)。

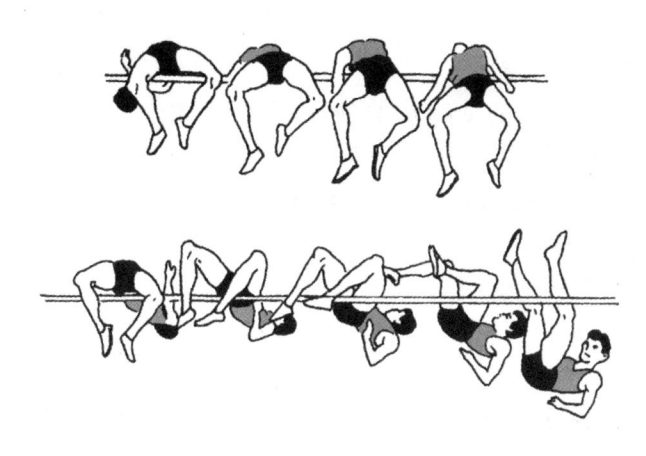

图 7-8 过杆与落坑技术

（二）跨越式跳高技术分析

跨越式跳高技术动作要领如图7-9所示。

图7-9　跨越式跳高技术

二、跳高技术教学手段（背越式）

在田径跳高技术教学中，各技术环节的结合，特别是助跑与起跳的结合是需要关注的重要方面。因此，这就要求在跳高技术教学中一定要抓住这个技术环节，同时，也要注意不能忽视了助跑技术、起跳技术、过杆技术。这样才能有目的性地选择合理的教学手段，所采用的教学方法和手段的针对性才强，才能保证理想的教学效果，使学生快速地掌握正确完整技术。

（一）学习助跑技术

学习跳高运动的助跑技术，通常采用的教学手段有圆圈跑、蛇形跑、8字形跑、马蹄形跑、螺旋形跑等各种变换方向的跑练习，直道进入弯道跑练习，在跳高场地上做助跑练习。

（二）学习起跳技术

通常，学习跳高起跳技术采用的教学手段主要有：摆动腿练习，模仿起跳练习，原地起跳练习，上一步起跳练习，行进间3、5步起跳练习，4步弧线助跑起跳练习，短助跑起跳摸高练习，在跳高场地上做助跑起跳头顶高物练习，全程助跑起跳坐高垫练习，全程助跑起跳练习等。通过这些练习,起跳技术水平会得到有效提升。

(三)学习弧线助跑接起跳技术
(1)沿跑道的弯道做加速跑练习。
(2)沿直径 10~15 米的圆圈做快速跑练习,注意身体向圆心倾斜。
(3)沿圆圈做匀称加速跑练习,每隔四步向上方做起跳练习一次,起跳腾空后转向圆心。注意起跳时身体由内倾转成正直。
(4)做弧线助跑起跳后单手反手投篮动作练习。
(5)先沿直线加速跑四五步后转入弧线跑练习,要求直线转入弧线时,过渡自然连贯,节奏感强。
(6)在上述练习的基础上,加上摆腿起跳。
(7)在上述练习的基础上,于较高的横杆旁起跳,要求身体垂直向上"旋起"成背对横杆。

(四)学习过杆落地技术
在跳高运动中过杆落地技术的教学中,一定要重视过杆的联系,因为其是最终决定跳高成败的重要环节。
通常,进行过杆落地技术教学用到的教学手段有:挺髋模仿练习,原地双脚、单足起跳背翻练习,上一步起跳背翻练习,4步助跑跳高垫练习,短助跑起跳过杆练习,正面助跑过杆练习,完整技术练习。通过这些练习,达到熟练掌握过杆落地的技术。

(五)学习并体会杆上肌肉用力感觉

1.四步弧线助跑跳上矮高台下滑过杆落地练习

具体的练习方法:以小弧线四步助跑起跳,落在矮高台上;然后仰头后倒,以肩着垫子,挺髋,两臂下放于体侧下滑,两大腿下放,两膝保持角度,两小腿后背;要保持这种肌肉感觉及用力方式,对这种感觉有了明确的感受之后,再上踢小腿,做后滚翻结束动作。

2.四步弧线助跑背越跳过矮高台练习

与上述练习方法相同。不同之处在于,起跳后不要坐在矮台上,而是直接做过杆与落地动作。除不要直坐在矮台上外,其他要求与上述练习一致。

(六)学习掌握全程助跑背越式技术

在所有的单项技术都学习并熟练掌握之后,就需要通过综合练习提升全程助跑技术水平,需要做到以下几点要求。

(1)要正。具体要求:最后4步助跑的轨迹要正好落在弧线上,起跳脚要正好落在弧线的切线上;起跳用力方向要正,起跳后身体向上"旋起"。

(2)要直。具体要求:起跳结束时,身体由倾斜转入直立姿势向上腾起。

(3)要挺。具体要求:过杆时,后引双肩、挺臀、展腹、小腿放松,身体呈"桥"状。

(4)要稳。具体要求:助跑时,身体重心移动平稳,起跳后身体在空中腾起平稳,落地要稳。

(5)要快。具体要求:助跑快、起跳快、整体动作完成快。

除此之外,可以借助这些教学手段:按技术水平和高度进行分组练习,可以专门对具有代表性的技术缺点进行"会诊",可以找动作正确的同学做示范,可以组织教学比赛等,来达到改进和提高完整跳高技术的目的。

三、跳高技术学习指导(背越式)

(一)跳高技术教学重点与难点

1. 跳高技术教学重点

跳高技术教学重点主要在于起跳技术。

在跳高运动中,起跳技术是处于关键性地位的重要环节,改变人体运动方向,是其主要任务所在。人体重心腾起的高度是实现跳高目的的基础,而起跳就是获得尽可能大的垂直速度的主要动力来源,因此,对腾空高度的高低产生决定性影响的因素就是起跳技术,也是教学的重点所在。

2.跳高技术教学难点

跳高技术教学难点主要在于助跑与起跳的衔接技术。

跳高本身具有一定的项目特征,主要表现为使身体越过尽可能高的高度的运动。人体起跳后身体重心腾起的高度是越过横杆的基本保证,没有良好的助跑与起跳相结合技术,人体重心就达不到预期的高度,越过横杆的目的就无法实现。而人体想获得理想的腾起高度,必须是建立在良好的助跑和起跳相结合技术的基础上。

(二)跳高技术学习要点提示

1.助跑技术学习要点

(1)助跑时,要保证动作轻松自如,富有节奏性,速度逐渐加快。直、弧线过渡要自然、连贯、平稳,身体重心较高,节奏明显。

(2)弧线助跑身体要向内倾斜,内侧肩要比外侧肩低一些。

(3)最后几步助跑节奏积极,步频加快,这是合理的起跳动作的准备活动。

2.起跳技术学习要点

(1)一定要保证摆动腿最后一步的积极蹬伸和快速有力地摆动,同时,摆动臂摆动配合要协调,做到提肩拔腰,从而使起跳效果更加理想。

(2)起跳脚要快速放脚落地。

(3)起跳腿膝关节支撑缓冲要小,快速起跳与快速助跑衔接要自然一些。

3.过杆与落地技术学习要点

(1)用最大的力量向上跳起,过杆时,仰头、倒肩、挺胸、挺髋、收腿等这些动作要做到连贯、自然,保证能顺利完成。

(2)过杆时,要在适宜的时机仰头倒肩,过早或过晚碰落横杆的几率都会大大增加。需要注意的是,腰腹肌要主动控制空中姿势,使身体各部分成为一个整体,有利于过杆。

(3)仰头过杆后顺利收下颌,以肩背先着地,以此来使头部先落在海绵垫上,造成颈部受伤的情况得到有效避免。

第五节　撑竿跳高项目教学指导

一、撑竿跳高技术分析

撑竿跳高技术由持竿助跑、插竿起跳、悬垂摆体与伸展、引体、转体、推竿、过竿和落地几部分组成（图7-10）。

图7-10　撑竿跳高技术

（一）持竿助跑

助跑时，在开始阶段应该用大而有力的步子跑进，在结束阶段应该用较快的节奏跑进。运动员在开始助跑时，身体重心移到左脚上。

（二）插竿起跳

起跳时，运动员的眼睛、头和胸应该朝向前上方。采用正确的起跳姿势起跳，撑竿才能径直地通过起跳点上方，且左臂应尽可能地升高（图7-11a）。

当竿头沿着插斗底板斜面滑到斗底时，运动员的起跳腿充分蹬伸，上面手臂充分伸直并向上压，起跳腿强有力地蹬离地面。在起跳动作完成时,摆动腿的大腿与撑竿成平行状态(图 7-11b)。

图 7-11　插竿起跳

（三）悬垂摆体与伸展

起跳离地后,人与撑竿以穴斗为支点共同向前运动,而人相对于撑竿则处于悬垂状态。开始摆体时下手臂肘关节角度有所加大。同时起跳腿发力以较直的状态做"兜扫"式摆动。

摆动结束后,做伸展动作。整个伸展阶段身体重心应靠近撑竿运动,伸展结束时良好的身体姿势是形成"直臂倒悬垂"。

（四）引体、转体、推竿

在拉引过程中,身体要完成一个绕纵轴转体的动作,这时要收紧下颏,两腿伸直并靠拢,特别是起跳腿不能向前伸转。引体和转体是连贯性的用力过程,不应用任何停顿和突然性的猛烈用力。

推开撑竿,当我们的大部分身体已经越过跳竿后,这时撑竿是在另外一侧的,我们要大力推开撑竿。

（五）过竿和落地

当身体重心上升至最高位置时,已越过横杆的双腿有所下压,并收腹、含胸成弓身姿势。当臀部越过横杆时,向上扬臂、抬头,使整个身体依次越过横杆。

落地,调整姿势使身体平稳落在垫子上。

二、撑竿跳高技术教学手段

撑竿跳高技术,相对来说,复杂性较为显著,因此,不要急于过早地进行完整技术教学,要先做好技术的分解教学。

（一）学习持竿助跑技术
（1）通过握持竿练习,对握持竿有一定的感受。
（2）通过持竿慢跑练习,持竿高抬腿跑练习,持竿加速跑练习,来分别感受持竿跑的不同状态。
（3）通过持竿慢跑过渡到加速跑练习,持竿加速跑结合降竿练习,来逐渐掌握并提升持竿助跑的技术水平。

（二）学习插穴起跳技术
（1）采用模仿举竿时手的动作练习,来体会动作的准确性。
（2）在沙坑里做上一步起跳悬垂练习,来体会起跳的动作。
（3）通过走动或慢跑做插穴起跳练习,用硬竿做短助跑起跳接悬垂练习,短程助跑插穴起跳转入竿上悬垂练习等,来对插穴起跳技术有更进一步的了解和认识,体会整个技术过程。

（三）学习悬垂摆体和后仰举腿技术
（1）通过4~6步助跑起跳悬垂练习,来体会起跳悬垂的感受。
（2）通过原地起跳握住吊绳做悬垂后仰举腿练习,2~4步助跑起跳握住插在沙坑内的撑竿做悬垂后仰举腿练习,持竿短程助跑将竿插入沙坑做悬垂后仰举腿练习,来对悬垂摆体和后仰举腿技术有一个初步的了解,并体会动作的准确性。
（3）借助于单杠做悬垂后仰举腿练习,撑竿跳高场地上做短程助跑悬垂后仰举腿练习,利用高架做悬垂后仰举腿练习等,来对悬垂摆体和后仰举腿技术有一个较为全面的学习,要求熟练掌握。

（四）学习引体、转体、推竿、过杆技术

（1）通过上一步插竿起跳摆体、引体、转体推竿练习，对各个技术动作加以了解并体会。

（2）利用高架做引体、转体推竿练习，以此来感受推竿的动作。

（3）借助于短程助跑撑竿跳远技术练习，短程助跑撑竿跳高技术练习，来对助跑撑竿跳远技术有一个初步的掌握。

（4）通过完整技术练习，来对引体、转体、推竿、过杆技术有一个整体性的学习和掌握。

三、撑竿跳高技术学习指导

（一）撑竿跳高技术教学重点与难点

1. 撑竿跳高技术教学重点

撑竿跳高技术教学重点主要是指插穴与起跳技术。

撑竿跳高也有着自身的显著特征，即使人体越过尽可能高的高度的运动。持竿助跑获得的水平速度，是要通过插穴起跳动作才能获得最大限度的动量。所以，插穴起跳技术动作的好坏会对助跑速度的发挥和利用以及整个跳跃的质量与效果都会产生非常显著的影响。这也被看作是备受关注的教学重点的重要原因。

2. 撑竿跳高技术教学难点

撑竿跳高技术教学难点主要是指助跑与举竿插穴动作技术。

在撑竿跳高技术教学中，学生掌握难度较大的当属助跑与举竿。究其原因，主要是由于助跑是获得动能的主要阶段，助跑速度对撑竿跳高成绩有着重要的决定性影响。在高速跑进中不失时机地、协调准确地按顺序完成降竿、举竿、插竿等一系列动作的难度也是比较大的，因此，便将助跑与举竿插穴技术动作看作是撑竿跳高教学中的难点。

（二）撑竿跳高技术学习要点提示

1. 持竿助跑技术学习要点

（1）持竿助跑速度逐渐加快，大腿高抬，身体重心较高，持竿助跑时要保证动作是放松的，步子要有一定的弹性。

（2）助跑的最后阶段竿头下降时，要将撑竿这种前翻拉力充分利用起来，把它转变为牵引力，加快助跑节奏，做到"追着竿子跑"。

2. 插穴起跳技术学习要点

（1）在学习过程中，要尽可能使降竿、举竿、插穴在高速跑进中协调、准确地按顺序完成，从而使做过多的复杂动作的情况得到有效避免。

（2）通过快速有力的起跳，最大限度地要把助跑获得的水平速度转化为竖竿和摆体的动量。同时，还要做到举竿及时，送竿积极，起跳蹬伸快速、有力，把起跳的力量都用于撑竿上。

（3）在助跑最后一步起跳腿前摆时，应注意小腿和大腿的折叠。这样，能够起到加快起跳的速度，提高起跳效果的作用。同时，还要注意大腿积极下压，以全脚掌紧张地由上向下积极着地，达到快速起跳的目的。

3. 悬垂摆体与后翻举腿技术学习要点

（1）竿上悬垂时，一定要做到充分伸展，拉长体前肌群，使肩、胸、髋向前，形成最大背弓，并使起跳腿滞留在体后。

（2）"长摆"结束时要积极屈膝屈髋，敢于仰头，身体后倒；短摆时要尽量缩短摆动半径，身体后翻方向和撑竿反弹方向趋于一致并向上。

4. 拉引转体与推竿技术学习要点

（1）当竿子接近垂直时，开始引体、转体，要将竿子的反弹和展体的速度充分利用起来，做引体、转体动作时一定要保证其及时性和准确性，引体和转体几乎是同时进行的。

（2）双臂开始向竿子的纵轴方向做拉引动作，髋部置于手握竿处开始向左转体，转体时，两腿靠拢，膝伸直，髋部靠近竿子。需要注意的是，整个拉引、转体动作是在靠近撑竿的情况下进行的，所做的拉引动作要

第七章　高校田径之跳跃类项目教学指导

保证平稳、顺势、迅速,转体转入支撑动作应平稳,突然过于猛烈的情况是不允许的,因为这会对竿子的伸直速度产生影响。

（3）推竿时应尽可能以垂直状态进入支撑,充分利用拉引和竿子伸展后剩余的能量,把身体向上推起,并且能保证推起的快速和平稳。

（4）整个动作的学习过程中,都要保持两大腿并拢和伸直,随身体运动的惯性上升。

5.腾越横杆与落地技术学习要点

（1）推竿动作结束之后,以短促的动作向横杆后面压腿,并利用骨盆的向上运动进行补偿低头含胸,使身体成弯弓姿势,然后绕额状轴转动并继续腾起。

（2）推竿时,进入支撑的状态尽可能是垂直状态,从而能有效保证快速而平稳地把身体向上推起。

第八章　高校田径之投掷类项目教学指导

　　田径投掷项目主要包括铅球、铁饼、标枪、链球等，这些投掷类项目集速度、力量、技巧于一身，是田径运动中具有很大观赏价值的器械类项目。在高校田径教学中设置投掷类项目课程，对发展大学生的力量、速度、灵敏等身体素质具有重要意义，同时也能培养大学生对田径运动的兴趣，提升大学生的基本运动能力。本章主要研究高校田径投掷类项目教学方法，分别对铅球、铁饼、标枪、链球四个项目的基本知识、技术动作、教学手段以及学习方式展开分析与研究，从而为高校田径投掷类项目教学提供科学指导。

第一节　投掷类项目概述

一、推铅球概述

　　传统投掷类运动中的推铅球运动集力量、速度于一体，其中力量是

第八章　高校田径之投掷类项目教学指导

基础,速度是核心。推铅球运动从产生至今经历了推石块→推炮弹→推铅球三个发展时期,发展历史已有600余年,这是从运动形式出发划分的发展阶段。除了这种划分方式外,从技术演变出发而划分发展阶段的方式也比较常见,铅球技术演变轨迹为侧向滑步→半背向滑步→背向滑步→背向滑步与旋转技术并存,也可以说推铅球运动的发展历史经历了这四个阶段。

推铅球运动的发展主要体现在技术的演进与更新上,新技术的不断出现大大推动了推铅球运动的发展。新技术如背向滑步转体、背向滑步"短长节奏"等的共同特点在最后用力之前达到了很高的水平速度,因此最后用力投出铅球的效果非常好。正因为有这些优势,新技术才受到广大优秀运动员的认可,并被频频使用。

二、掷铁饼概述

掷铁饼运动发展历史非常悠久,在古希腊时期就是运动会的比赛项目。这项运动逐渐流行于全世界是从19世纪末开始的。现代掷铁饼运动从产生至今先是继承发展,然后逐渐成熟,最后稳步保持一定的发展水平。对掷铁饼新技术的探索历来受到相关人员的重视,但从掷铁饼技术的发展历史来看,其外形并没有很显著的变化。当前,现代掷铁饼技术逐渐融入了科技元素,掷铁饼运动员也从国外引进先进的训练方法来进行专项训练,有关学者也从多个学科领域出发对这项运动进行研究,在这些人员的共同努力下,掷铁饼运动将会取得更高水平的发展。

三、投标枪概述

标枪在远古时期是打猎工具,后来发展成为战争武器,随着不断的发展,最终成为运动器材,可见投标枪运动经历了漫长的发展历史。掷标枪运动的发展最直观地体现在器材的演变上。最早用的是木棍枪,后来出现了金属枪头的标枪。最早的投标枪比赛出现在瑞典,早期只有男子参加比赛,直到20世纪初期才出现女子投标枪比赛,而且从第10届奥运会开始,女子标枪运动员也出现在了奥运舞台上。除了器材变化外,标枪技术、竞赛规程也在不断演进与创新,现代高科技在投标枪运动中的深入渗透大大提高了这项运动的技术水平,也使这项运动的发展更加多元化、创新化。

四、掷链球概述

掷链球运动拥有非常悠久的发展历史,早期有三种运动形式,分别是原地投掷、直线助跑投掷和旋转投掷(没有投掷圈限制)。掷链球运动的发展从链球这一专项器材的演进中能够体现出来,早期使用的链球制作材料比较坚硬,后来使用了新的比较柔软的材料,而且有棱角的锤体也逐渐被圆形球替代,手柄被链条替代,钢链上又加了把手。

掷链球运动最初强调力量的重要性,身材高大的运动员用很大的力投掷链球,之后这项运动更注重速度的提升,链球出手速度不断加快,投掷方法不断多元化、创新化,运动成绩也有了新的突破。

第二节 推铅球项目教学指导

一、推铅球技术分析

下面主要分析背向滑步推铅球(右手持球为例)的基本技术。

(一)握球与持球

1. 握球

五指自然分开,把铅球放在食指、中指和无名指的指根处,大拇指和小指自然扶在铅球的两侧,手腕自然背屈(图 8-1)。

2. 持球

握好球后把铅球放在右侧锁骨外端,贴住颈右侧,掌心向内,右臂屈肘,从侧面看,右肘与身体处在同一平面(图8-2)。

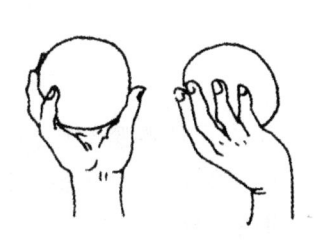

图 8-1　握球 　　　图 8-2　持球

(二)预备姿势

右脚背对投掷方向,右腿直立。左脚在右脚后方 20～30 厘米处,脚尖点地,微屈膝,身体站立端正,颈部正直,左臂向前上方自然伸出(图 8-3)。

(三)团身动作

团身动作是滑步的准备动作。在预备姿势的基础上,上体前俯,左臂下垂,同时左腿向后上方摆起,顺势屈右膝、收左腿、身体重心平稳下降,置于右脚前脚掌上,目视前下方(图 8-4)。

图 8-3　预备姿势 　　　图 8-4　团身动作

（四）滑步

滑步开始时,身体重心水平向投掷方向移动,左腿大腿带动小腿向抵趾板方向踹出,左脚沿地面滑动,经过投掷圈直径约 3/4 距离时外翻,最后落在抵趾板中间略偏左处。右腿配合左腿蹬伸,右脚动作似滚动,髋部伸展,然后右小腿迅速内收,右脚稍内扣。左臂轻快地向投掷反方向摆动,右手臂动作不变。

（五）最后用力

滑步结束后右脚脚跟不落地,右脚内侧用力形成侧蹬动作,右腿侧蹬伴有转动,推动身体向前。左脚落地后,左腿保持蓄力状态,随着重心前移,微屈左膝再伸直,形成支撑后的蹬伸用力动作。上体由向后伸展的背面转成侧面,身体成侧弓形。

铅球出手时的身体姿势是：左腿蹬直；右腿蹬伸；抬头挺胸,右臂伸直；左臂在身体左侧,左手低于左肩。铅球出手角度约 37°,出手点约在左脚脚尖上方或前上方。

滑步与最后用力的完整动作如图 8-5 所示。

图 8-5 滑步与最后用力

第八章　高校田径之投掷类项目教学指导

（六）结束动作

铅球出手后,继续向投掷方向跟进,维持身体平衡,及时交换双腿改变运动方向,重心降低,左腿积极后退,维持身体平衡。

二、推铅球技术教学手段

下面主要分析背向滑步推铅球技术的教学。

（一）建立正确的技术概念

1. 教学目的

使学生对背向滑步推铅球技术的结构、特征及这项运动的规则有所认识与了解。

2. 教学方法

（1）将推铅球运动的竞赛规则介绍给学生。

（2）将语言法（讲解）、直观法（示范、录像视频）等教学方法综合运用起来,使学生对背向滑步推铅球技术有直观的认识。

3. 教学要求

简单介绍推铅球运动规则,重点分析推铅球技术各个动作环节的结构与特征。

（二）握法教学

1. 教学目的

使学生掌握正确的持握铅球的方法。

2. 教学方法

详细讲解正确的持握球方法,并做出正确示范,使学生模仿练习,指导学生正确持握球。

3. 教学要求

学生学习持握球时,注意控制好球的位置,上身保持正直,注意区分背向滑步推铅球中持握球的方式与旋转推铅球持握方法的不同。

(三)预摆与"团身"教学

1. 教学目的

使学生将预摆与"团身"的正确方法熟练掌握。

2. 教学方法

详细讲解技术动作与细节,并正确示范,出示直观的图片或播放比赛视频,使学生模仿练习。

3. 教学要求

要求学生平稳、放松地完成动作。

(四)摆动腿摆动教学

1. 教学目的

使学生将推铅球时摆动腿的摆动动作熟练掌握。

2. 教学方法

(1)做好"团身"姿势后,臀部后移,左侧大腿带动左侧小腿摆向身体后下方,身体在下肢的带动下移向投掷方向。

(2)上体团身姿势不变,重心在两腿间。

3. 教学要求

可以将学生两两分组进行辅助练习。

三、推铅球技术学习指导

(一)明确学习重点与难点

1. 学习重点

(1)密切衔接滑步与最后用力的动作,连贯完成,对用力顺序有准确的把握。

(2)大幅度滑步和最后用力前做好正确的预备姿势,该姿势要对滑步及最后出手有利。

(3)最后铅球出手时身体左侧有意识地制动,维持好身体的平衡。

(4)在完整练习中对加速用力的动作节奏感予以体会,并有节奏地加速用力。

2. 学习难点

(1)滑步动作环节两腿蹬摆发力和左脚落地之间不要有明显的过渡时间,动作要尽可能连贯。

(2)最后用力前身体姿势和运动链各环节的动作都要满足要求。

(3)转体推铅球要求左侧身体和左侧腿形成稳定有力的支撑。

(4)铅球出手前沿直线轨迹加速。

(二)练习指导

1. 原地拉胶带(图8-6)

(1)练习目的
①促进身体专项力量的发展,掌握运动链各环节的正确用力顺序。
②体会推铅球时身体各部位肌肉的用力感觉。

(2)练习方法
①在地面上固定好长胶带(2~3米)的一端,面对胶带而立,一脚在前,一脚在后,右手将长胶带的另一端抓住。
②前腿屈膝,重心降低置于前腿上。

③右腿发力带动右臂和上体转向投掷方向,右臂在转动时对胶带进行大力拉引,拉引到最大限度时逐渐恢复准备姿势。反复练习。

（3）练习要求

重心置于右腿,充分伸展投掷臂。

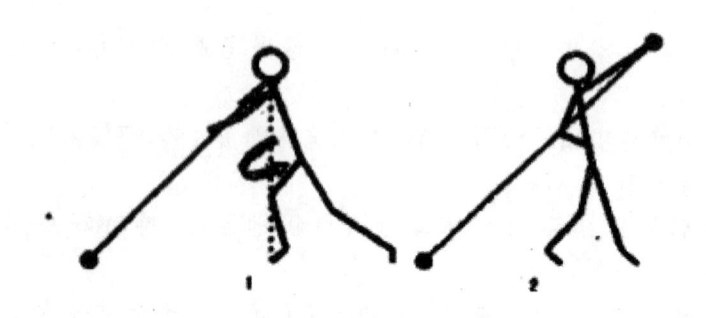

图8-6　原地拉胶带[①]

2. 蹬转摆片

（1）练习目的

促进右腿力量、速度和躯干力量的提升,促进学生对身体各部位正确用力方法及顺序的掌握,使动作连贯、有力。

（2）练习方法

①双手将杠铃握住,做最后用力前的预备姿势,伸直手臂,右髋随着右脚的蹬转而在右腿的带动下转动并充分伸展。

②将杠铃向上举过头顶,身体"反弓",右腿支撑重心。反复练习。

（3）练习要求

尽可能将躯干伸展。

---

① 夏国滨,陈岩,胡佳刚. 田径专项教学与训练方法 [M]. 哈尔滨:哈尔滨地图出版社,2006:126.

第三节 掷铁饼项目教学指导

一、掷铁饼技术分析

（一）握铁饼

五指分开,拇指和手掌紧贴铁饼,其余四指最末节扣住铁饼边沿。手腕稍屈(图 8-7)。

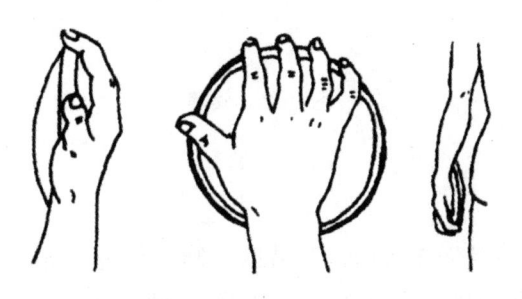

图 8-7 握铁饼

（二）预备姿势和预摆

1. 预备姿势

背对投掷方向,两脚分开站在投掷圈后沿,投掷臂放松下垂。

2. 预摆

以左向上右向后的预摆为例,持饼臂起动在体侧前后摆动,铁饼摆到体后时,右腿蹬地,再向左上方摆动,稍屈臂,使铁饼位于前额左方,上体也随之左转。随后放松向右后方摆动,重心移至右腿,上体向右后方转动,右腿稍屈,左臂屈于胸前。向后摆到最高点时即是制动点(图 8-8)。

图 8-8　预摆

（三）旋转

以左脚支撑为旋转的轴心，借助右腿的蹬地力量向投掷方向转动左膝和左肩，重心稍下降并向左腿移动，左腿边屈膝、边旋转，带动身体左转，形成以左半身为轴的旋转姿态。这时右腿大腿带动小腿，右腿弯曲成弧线绕过支撑的左腿进行旋转，整个身体形成了以左侧身体为轴的大扇面旋转。当身体重心通过左腿时，左脚蹬地，身体向投掷圈的圆心移动。在这个旋转过程中，投掷臂和右肩放松。旋转结束时，右腿以前脚掌着地，落在圆心附近，形成单腿支撑。这时仍以右脚为轴继续旋转，左脚脚内侧着地支撑。

（四）最后发力

右脚边转动边向投掷方向蹬伸，同时带动投掷臂进行大弧度运动。左腿支撑重心，使右侧绕着左侧轴转动，全身各部位用力集中在铁饼上，加大出手速度、力量及工作距离，当身体重心位置较高且铁饼与右肩同高时，右手食指末节拨饼，顺时针转动约 35°角掷出铁饼。

旋转和最后发力的完整动作如图 8-9 所示。

图 8-9　旋转和最后发力

（五）结束动作

铁饼离手瞬间，右手小指到食指依次拨饼，使铁饼沿顺时针方向在空中转动飞行。出手后及时地交换两腿，重心降低，顺势再向左转体，维持身体平衡。

二、掷铁饼技术教学手段

（一）建立正确的技术概念

1.教学目的

使学生对掷铁饼技术的结构、特征及运动规则有所认识与了解。

2.教学方法

（1）将掷铁饼运动的竞赛规则介绍给学生。
（2）将语言法（讲解）、直观法（示范、录像视频）等教学方法综合运用起来,使学生对掷铁饼技术有直观的认识。

3. 教学要求

简单介绍掷铁饼运动规则,重点分析掷铁饼技术各个动作环节的结构与特征。

(二)握法教学

1. 教学目的

学习铁饼的握法。

2. 教学方法

详细讲解正确的持握铁饼方法,做出正确示范,使学生模仿练习,指导学生正确持握铁饼。

3. 教学要求

学生根据自己的情况适当调整握饼时五指分开的距离和四指末节扣在铁饼边缘的位置。

(三)熟悉铁饼性能教学

1. 摆饼

(1)教学目的

使学生对铁饼性能有所熟悉。

(2)教学方法

左脚在前,右脚在后,投掷臂自然伸直落在体侧,并以肩为轴前后放松摆动。

(3)教学要求

投掷臂前后摆动幅度逐渐加大。

2. 滚饼

(1)教学目的

使学生对铁饼性能有所熟悉。

第八章　高校田径之投掷类项目教学指导

(2)教学方法

左脚在前,右脚在后,两腿屈膝,上体向前俯身,投掷臂自然伸直置于体侧,以肩为轴前后放松摆动。当铁饼摆到与身体的距离达到最大时,手指依次拨饼(从小指到食指),最后从食指末节将铁饼掷出。

(3)教学要求

尽可能使铁饼向前滚动的轨迹为直线。

(四)正面原地掷铁饼教学

1. 教学目的

使学生熟练掌握正面原地掷铁饼的完整动作,并连贯完成该动作。

2. 教学方法

(1)两脚开立,面向投掷方向,向身后摆动铁饼。

(2)上体转向右后方,双腿屈膝,重心下移,回摆铁饼的同时两腿蹬伸,右髋前移,带动投掷臂掷出铁饼。

3. 教学要求

运动链各大小环节的用力顺序要正确。

(五)背向旋转掷铁饼教学

1. 教学目的

熟练掌握并连贯完成背向旋转掷铁饼技术。

2. 教学方法

先徒手模仿投掷铁饼的动作,然后采用小石子、木棍等简易工具进行背向旋转投掷练习,最后持铁饼进行完整动作练习。

3. 教学要求

练习手段尽可能丰富一些。

三、掷铁饼技术学习指导

(一)明确学习重点与难点

1. 学习重点

(1)对旋转时旋转轴的转换和加速旋转时的动作节奏予以体会。
(2)最后用力前形成良好的预备姿势。
(3)控制好铁饼出手角度和铁饼运行轨迹。
(4)连贯衔接各个技术环节。

2. 学习难点

(1)提高旋转能力,培养与强化动作节奏感。
(2)低腾空和最后用力前左脚的主动快落
(3)最后用力投掷铁饼时将重心控制好,避免重心前移的时间过早。
(4)最后用力时身体各部位协同配合,在准确时机将铁饼掷出。

(二)练习指导

1. 原地连续挥片

(1)练习目的
促进多关节专门力量的提升和协调能力的改善。
(2)练习方法
①身体充分扭紧开始发力,主要转动右腿、右髋。
②充分伸展投掷臂前后用力摆动,幅度尽可能大。
(3)练习要求
动作自然放松,身体平稳。

2. 肩负杠铃杆原地旋转一周(图8-10)

(1)练习目的
促进左腿力量的增强和身体平衡能力的提升。

（2）练习方法

将杠铃举至身后置于肩处，按照掷铁饼中预摆和旋转的动作要求完成预摆，进入旋转后重心置于左腿支撑轴上完成旋转。

（3）练习要求

身体扭紧，尽量压低重心。

图 8-10　肩负杠铃杆原地旋转一周[1]

第四节　投标枪项目教学指导

一、投标枪技术分析

（一）握枪与持枪（以右手投掷为例）

1. 握枪

（1）现代式握法

将标枪斜握在掌心，拇指与中指握住标枪绳把末端第一圈上端（图

---

[1] 夏国滨,陈岩,胡佳刚.田径专项教学与训练方法[M].哈尔滨：哈尔滨地图出版社，2006：135.

8-11a），食指贴在标枪上，无名指与小指握住绳把。

（2）普通式握法

用拇指和食指握住标枪绳把末端的第一圈，其余手指握住绳把（图8-11b）。

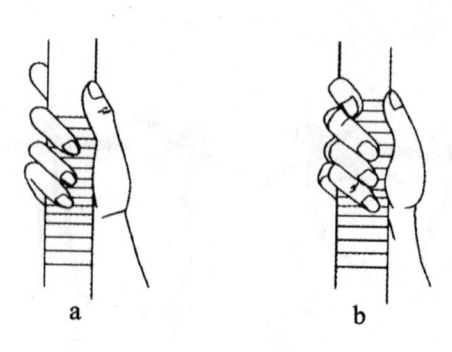

图 8-11　握枪

2. 持枪

以肩上持枪为例。把标枪举在肩上，投掷臂弯曲和手腕控制标枪，标枪尖部略低于尾部，整个标枪稍高于头部，手腕稍放松，以便于引枪（图 8-12）。

图 8-12　持枪

（二）助跑

1. 预跑阶段

助跑距离一般为 25～35 米。从第一标志线到第二标志线大约 15～20 米距离作为预跑阶段，通常跑 8～14 步（图 8-13）。

图 8-13 预跑距离[①]

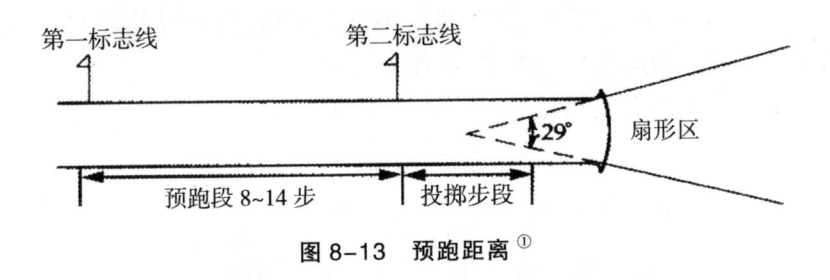

预跑阶段,上体稍前倾,前脚掌着地,大腿高抬有力蹬伸,动作轻快而富有弹性,节奏性较强,两臂配合下肢动作,目视前方。

2. 投掷步阶段

投掷步是从第二标志线开始到投掷弧这一段距离内的助跑。投掷步通常跑 4～6 步。投掷步有跳跃式投掷步和跑步式投掷步两种形式。前者腾空时间较长,两腿蹬伸力量大,动作轻快自如。但容易跳得过高而影响动作的直线性和连贯性。后者与平常跑步相似,向前速度较快。常用的四步投掷步如图 8-14 所示,第一、二步比较快,第三步稍慢,第四步最快。

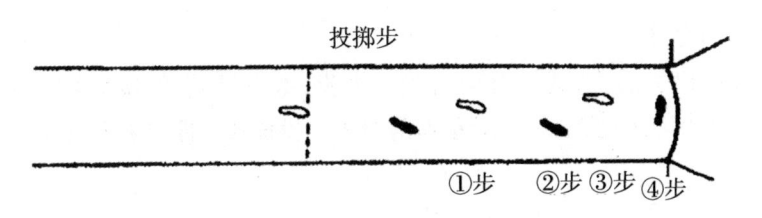

图 8-14 四步投掷步[②]

(三)最后用力

投掷步的第三步右脚落地后,身体继续向前运动,重心越过右脚支撑点上方时,右腿积极蹬地。左脚着地时,左腿有力制动,右腿继续蹬地,推动右髋加速向投掷方向运动,使髋轴超过肩轴,并带动肩轴向投掷方向转动。同时投掷臂快速向上翻转,使上体形成"满弓"姿势。胸部继续向前,将投掷臂最大限度地留在身后,右肩肌肉充分伸展。由于

---

① 李鸿江. 田径 [M]. 北京: 高等教育出版社,2006: 45.
② 李鸿江. 田径 [M]. 北京: 高等教育出版社,2006: 47.

惯性作用,左腿被迫屈膝,但随即迅速有力蹬伸,同时以胸部和右肩带动投掷臂向前做爆发性"鞭打"动作。

掷标枪助跑和最后用力的完整动作如图 8-15 所示。

图 8-15　助跑和最后用力

（四）结束动作

标枪出手后,右腿及时向前跨一大步,重心降低,保持平衡。为了保证最后用力的质量,最后一步左脚落地点与投掷弧的距离约为 1.5～2 米。

二、投标枪技术教学手段

（一）建立正确的技术概念

1. 教学目的

使学生对投标枪技术的结构、特征及运动规则有所认识与了解。

2. 教学方法

（1）将投标枪运动的竞赛规则介绍给学生。

（2）将语言法（讲解）、直观法（示范、录像视频）等教学方法综合运用起来,使学生对投标枪技术有直观的认识。

第八章　高校田径之投掷类项目教学指导

3.教学要求

简单介绍投标枪运动规则,重点分析投标枪技术各个动作环节的结构与特征。

(二)握法教学

1.教学目的

使学生熟练掌握正确持握标枪的方法。

2.教学方法

详细讲解正确的持握标枪方法,做出正确示范,使学生模仿练习,指导学生正确持握标枪。

3.教学要求

(1)握标枪的位置要正确。
(2)将标枪牢牢握住,放松投掷臂肌肉。

(三)肩上持枪教学

1.教学目的

使学生掌握正确的肩上持枪方法。

2.教学方法

讲解持枪的正确方法,并进行准确示范,使学生观察、模仿。

3.教学要求

持枪时上体和持枪臂保持自然放松状态。

(四)四步投掷步投枪教学

1.教学目的

使学生连贯完整地完成投掷步投枪技术。

2. 教学方法

面对投掷方向，跑两步完成引枪，然后接交叉步和最后用力而掷出标枪。

3. 教学要求

引枪时保持器械与身体的稳定性，上步时两腿协调发力，蹬摆幅度适当加大；最后一个交叉步时避免上体主动后倒。

三、投标枪技术学习指导

（一）明确学习重点与难点

1. 学习重点

（1）连贯衔接各个动作环节。
（2）掌握正确的用力顺序。

2. 学习难点

（1）投掷步与身体动作协调配合。
（2）在适宜的时机引枪。

（二）练习指导

1. 打小竹条

（1）练习目的
促进躯干、下肢和肩部力量的提升，促进身体协调能力的发展。
（2）练习方法
手持小竹条进行练习，练习方式有原地鞭打、短距离助跑鞭打和全距离跑动鞭打。
（3）练习要求
右腿、右髋转动发力，左侧身体在完成鞭打动作后要形成稳定支撑。

第八章 高校田径之投掷类项目教学指导

2. 对墙反弹球（图8-16）

（1）练习目的

促进手臂、躯干力量与速度的发展，培养用力节奏感和速度感。

（2）练习方法

投掷臂手持带球，非投掷臂扶墙。双脚前后分开，左脚在前，与墙之间大约保持20厘米的距离。朝头上方墙鞭打球。当球反弹时，调整到准备姿势，重复练习。

（3）练习要求

身体向后仰到最大程度时，投掷臂在上体的带动下快速用力鞭打球。

图8-16 对墙反弹球[①]

[①] 夏国滨,陈岩,胡佳刚.田径专项教学与训练方法[M].哈尔滨:哈尔滨地图出版社, 2006:56.

第五节　掷链球项目教学指导

一、掷链球技术分析

(一)握链球

左手食指、中指和无名指中段指节和小指末节抓握链球的把柄,手指关节弯曲成钩形,勾握把柄。右手拇指外其余四指扣握在左手指指根部,右手拇指扣握左手食指,左手拇指扣握右手拇指,两拇指交叉相握,成扣锁式握法(图 8-17)。

图 8-17　持握链球

(二)预备姿势

背对投掷方向站在投掷圈后沿,两脚开立,左脚靠近投掷圈中心线,右脚稍远,两膝微屈,上体前倾右转,体重移至右腿,链球放在圈内身体的右后方,两臂伸直。

(三)预摆

拉链球,使链球沿有高低点的特定轨迹绕人体做圆周运动。通常采用两周预摆。在两周预摆中,球呈匀加速运动,第二周预摆要比第一周预摆速度快些,幅度大些。预摆速度要与身体的平衡相适应,身体平衡靠两腿和髋的移动补偿调整完成。

（四）旋转技术

合理的旋转技术要求头部与肩保持相对稳定，躯干挺直，两臂伸直，肩和手臂放松牵拉链球，形成稳固三角形，髋部向前挺，双腿弯曲。此外，还要求人与链球形成一个整体，有稳固的旋转轴和较大的旋转半径，要求在身体平衡的情况下变换支撑形式，协调用力，逐渐加速，节奏明显。

（五）最后用力

最后一圈右脚落地，髋轴、肩轴尽力扭转，两臂伸展，链球在身体右后上方，屈膝，身体重心偏左。随着链球下行，重心右移，链球至身体右前侧，两腿开始蹬伸，重心左移并升高，链球沿身体右侧弧线上升。此时左腿有力支撑，右脚左转蹬送，右髋左转，躯干挺伸，左肩左转，头后仰，链球快速上升至左肩高度时，两手挥动顺运行的切线方向掷链球。

二、掷链球技术教学手段

（一）建立正确的技术概念

1. 教学目的

使学生对掷链球技术的结构、特征及运动规则有所认识与了解。

2. 教学方法

（1）将掷链球运动的竞赛规则介绍给学生。
（2）将语言法（讲解）、直观法（示范、录像视频）等教学方法综合运用起来，使学生对掷链球技术有直观的认识。

3. 教学要求

简单介绍掷链球运动规则，重点分析掷链球技术各个动作环节的结构与特征。

（二）握法教学

1. 教学目的

使学生学习和掌握正确的链球握法。

2. 教学方法

详细讲解正确的持握链球方法，做出正确示范，使学生模仿练习，指导学生正确持握链球。

3. 教学要求

牢固握持，充分伸直投掷臂，放松肩部肌肉。

（三）预备姿势教学

1. 教学目的

使学生掌握正确的掷链球预备姿势。

2. 教学方法

按照预备姿势的动作方法对学生进行讲解、示范，使学生模仿练习，指导学生在重复练习中做好预备姿势。

3. 教学要求

预备姿势要自然、放松。

（四）预摆技术教学

1. 教学目的

使学生对正确的预摆技术予以掌握。

2. 教学方法

按照预摆技术的动作方法与要求给学生讲解、示范，使学生模仿练习，指导学生在重复练习中完成好预备技术。练习方式有徒手预摆练习、双手持实心球或单手持链球预摆练习、双手持链球行进间预摆练习等。

3. 教学要求

预摆技术自然、放松，伸直两臂，摆动幅度要不断加大。

(五) 旋转和最后用力教学

按照正确的旋转技术、最后用力技术的动作方法与要求进行讲解与示范，指导学生练习。注意旋转中强调人和器械的整体性，旋转幅度要大，充分衔接好每一周的旋转。在最后用力的练习中要注意身体大环节带动小环节的正确用力顺序。

三、掷链球技术学习指导

(一) 明确学习重点与难点

1. 学习重点

旋转技术是掷链球技术中学习的重点。

2. 学习难点

熟练掌握多圈旋转，连贯衔接各圈旋转。

(二) 练习指导

1. 双手持沙袋左右转体

(1) 练习目的

促进躯干和下肢力量的发展。

(2) 练习方法（图 8-18）

①双手持沙袋，屈膝下蹲，向右转体。

②双腿蹬地，同时转体，将沙袋抡起，左右两侧反复练习。

(3) 练习要求

沙袋重量根据学生实际情况而定。

图 8-18　双手持沙袋左右转体[1]

2. 持重链球连续抡摆

（1）练习目的
促进肩部力量的发展和身体平衡能力的提升。
（2）练习方法
双手持重链球，双臂发力连续抡摆数圈。
（3）练习要求
放松肩部肌肉。

---

[1] 夏国滨,陈岩,胡佳刚. 田径专项教学与训练方法 [M]. 哈尔滨：哈尔滨地图出版社, 2006：58.

参考文献

[1] 李爱国. 田径运动教学研究 [M]. 武汉：武汉大学出版社，2017.

[2] 夏国滨，陈岩，胡佳刚. 田径专项教学与训练方法 [M]. 哈尔滨：哈尔滨地图出版社，2006.

[3] 孙晓庆. 趣味田径教学 [M]. 南京：东南大学出版社，2020.

[4] 徐世岩，张广林. 田径类课程设计与教学设计 [M]. 兰州：甘肃科学技术出版社，2008.

[5] 张丽蓉，刘洪伟，王永祥. 体育教学的价值回归探索 [M]. 北京：中国纺织出版社，2017.

[6] 毛振明. 体育教学论 [M]. 北京：高等教育出版社，2005.

[7] 陈晋. 田径运动理论与实践研究 [M]. 北京：北京体育大学出版社，2014.

[8] 李爱国. 田径运动教学研究 [M]. 武汉：武汉大学出版社，2017.

[9] 邵伟德. 体育教学模式论 [M]. 北京：北京体育大学出版社，2005.

[10] 佟晓东. 体育教学设计与实践 [M]. 沈阳：东北大学出版社，2009.

[11] 许文鑫. 中学体育课堂有效互动的理论与实证研究 [M]. 北京：科学出版社，2015.

[12] 齐美玲. 普通高校田径教学存在的问题及对策研究 [J]. 冰雪体育创新研究，2020（22）.

[13] 刘彬. 江苏省普通高校公共体育田径教学所面临的困境及其对策研究 [D]. 苏州大学，2017.

[14] 何文军. 健康中国背景下我国高校田径课程教学改革策略 [J]. 哈尔滨体育学院学报，2020，38（3）.

[15] 和琰. 高校田径教学的困境与对策研究 [J]. 当代体育科技, 2020, 10（15）.

[16] 校力. 探讨当下高校体育田径教学现有问题 [J]. 当代体育科技, 2020, 10（14）.

[17] 王超. 以学生为本, 高校田径教学改革的策略探究 [J]. 田径, 2021（1）.

[18] 谭黔. 高校田径教学方法改革研究 [J]. 青少年体育, 2020（5）.

[19] 范文广, 刘旭东. 新时期高校田径课程设置与改进思考 [J]. 文体用品与科技, 2013（8）.

[20] 康娜娜. 新中国成立以后我国学校体育思想的嬗变及其发展研究 [D]. 中国矿业大学, 2014.

[21] 陈玉忠. 关于我国青少年体质健康问题的若干社会学思考 [J]. 中国体育科技, 2007, 11（10）.

[22] 辛利, 刘娟. 对学校体育"健康第一"指导思想的思考 [J]. 体育学刊, 2013（5）.

[23] 杜吉生. 普通高校田径教学内容的特点分析与体系构建 [J]. 吉林体育学院学报, 2007（2）.

[24] 丁英俊, 薛留成, 夏健松. 体育院系田径课程多元化教学手段的整合与改革实验研究 [J]. 河南大学学报（社科版）, 1998（4）.

[25] 吴烦. 武汉市中小学体育教学模式的选用现状及发展对策研究 [D]. 湖北大学, 2016.

[26] 曾晓梅. 项目驱动教学模式在田径技术教学中的实践研究 [D]. 江西师范大学, 2015.

[27] 张立新. 关于改进高师课堂教学评价手段与方法的探索 [J]. 滨州师专学报, 1998（3）.

[28] 吴烦. 武汉市中小学体育教学模式的选用现状及发展对策研究 [D]. 湖北大学, 2016.

[29] 王建基. 刍议普通高校田径教学面临的困境及其发展策略 [J]. 当代体育科技, 2020, 10（30）.

[30] 王山铭. 高校田径课程教学现状和影响因素分析 [J]. 田径, 2020（11）.

[31] 王淑英. 学校体育课程体系研究 [D]. 河北师范大学, 2012.

[32] 邓凤莲. 体育教学设计系统观和设计程序研究 [J]. 体育教学, 2011（11）.